해롤드 핀터 전집

해롤드 핀터 지음 | 김소임 옮김

5

귀향

가벼운 통증

야간학교

평민사

귀향

해롤드 핀터 전집 • 5

초판 1쇄 발행일   2002년 6월 30일
초판 2쇄 발행일   2005년 10월 19일

지 은 이   해롤드 핀터
옮 긴 이   김소임
만 든 이   이정옥
만 든 곳   평민사
            서울시 서대문구 남가좌2동 370-40
            전화: (02)375-8571(代)
            팩스: (02)375-8573
http://www.pyungminsa.co.kr
E-mail pms1976@korea.com

등록번호   제10-328호

ISBN 89-7115-363-6 03680
ISBN 89-7115-358-X (전9권)

정 가   8,000원

Harold Pinter Series

Writing for Myself
The Homecoming
A Slight Ache
Night School

해롤드 핀터 전집을 내면서

해롤드 핀터가 한국에 소개된 지 거의 30년이 지났다. 30년 전, 드라마센터에서의 『생일파티』(*The Birthday Party*) 공연은 연극을 좋아하는 사람들에게 신선한 충격이었다. 공연을 보는 관객들은 그것이 무엇을 의미하는지 완전히 이해하지 못하면서도 그 작품이 주는 신비한 매력에 이끌렸다. 이런 매력 때문에 『생일파티』는 여러 시즌 동안 인기 레퍼토리 중의 하나가 되었다. 30년이 지난 현재 유시어터에서는 매년 핀터 작품을 하나씩 무대 위에 올리고 있다. 2000년에는 『벙어리 웨이터』(*Dumb Waiter*)를 *Killers*라는 제목을 붙여 공연했으며, 올해에는 『관리인』(*The Caretaker*)을 *The Guest*라고 제목을 바꿔 2001년 4월 무대에 올렸다. 핀터 작품에 대한 현재 관객의 반응은 30년 전의 드라마센터의 열기를 따르지는 못하지만, 지금까지 꾸준히 그의 작품들이 무대 위에 올려진다는 사실은 그가 연극인들에게 여전히 인기가 있다는 증거라 할 수 있다.

핀터의 작품은 공연을 전문으로 하는 연극인들에게만 사랑을 받는 것은 아니다. 대학에서 공부하는 학부 학생들, 대학원생들, 그리고 교수들로부터 더 많은 사랑을 받고 있다. 뿐만 아니라 영문학과의 희곡

과목에서 핀터는 빼놓을 수 없는 중요한 작가로 자리잡고 있다. 희곡관련 전문인들이 핀터의 작품이 가진 매력이 무엇인가를 탐구하기 위해 많은 시간을 할애하고, 그 결과 핀터에 관한 많은 논문들이 쏟아져 나오고 있다. 아마도 해롤드 핀터는 한국인이 가장 선호하는 영국 현대 극작가 중 하나일 것이다. 이처럼 연극 공연분야와 연구분야에서 핀터 작품이 사랑받고 있음에도 불구하고, 그의 작품들은 아직 거의 번역되지 않고 있다. 소설과 달리 희곡은 독자에게 낯선 문학 장르라 대중에게 인기가 없기 때문일 것이다. 이와 같은 어려운 상황에서 핀터 작품 전체를 번역하기로 결정한 것은 매우 용기있는 결단이었다. 이보다 더한 용기는 이 작품들의 출판을 결정한 사실이다. 총 9권의 핀터 전집을 출판하도록 기회를 주신 평민사 이정옥 사장님께 진심으로 감사드린다. 이 전집의 출판으로 핀터의 작품들이 대중들에게 쉽게 읽혀질 수 있는 계기가 되고, 또한 핀터 연구와 공연에 도움이 되었으면 한다. 마지막으로, 출판을 위해 애써주신 평민사의 편집부원 모두에게 감사드린다.

번역진 일동

차 례

해롤드 핀터와 작품 세계

오경심(강원대학교 영어영문학과)

핀터의 청소년 시절과 작가로서의 활동

해롤드 핀터의 어린 시절, 청소년 시절, 그리고 배우 시절은 그의 작가로서의 활동과 밀접히 연관된다. 핀터는 동 런던의 핵크니 문법학교에 다녔다(1942-48). 핀터는 특히 영어와 연극, 운동 등에 두각을 나타냈으며 학교 연극 공연에서 맥베스와 로미오 등 주인공 역할을 맡았다. 학교 졸업 후 왕립 연극 아카데미(the Royal Academy of Dramatic Art)에 입학하지만 두 번 등록하고 학교를 그만뒀다(1948-49). 아카데미 재학시 핀터는 군복무의 명령을 받았는데, 군대를 가지 않겠다고 양심 선언을 했다. 그로 인해 감옥에 갈 처지에 놓였으나 운이 좋았던 그는 두 번의 재판 끝에 벌금형만을 받았다. 1951년에 짧은 기간 동안 스피치와 연극 학교(Central School of Speech and Drama)에서 배우 수련을 받은 후, 아뉴 맥매스터(Anew McMaster)의 극단에 합류해서 1년 동안 아일랜드를 순회하게 되었다. 순회 극단이 공연한 11개 작품(그중 Shakespeare 작품이 7개)에서 핀터는 배우로서 연기를 했고, 1953년는 도날드 울핏(Donald Wolfit) 극단의 8개 공연에서 단역을 맡아 연기를 했다. 배우로 활동하는 동안 핀터는 데이비드 배론(David Baron)이라는 예명을 사용하며 1954년에서 1959년까지 영국 전역의 레퍼토리 극장에서 활동을 계속했다. 1956년에 배우 비비안 머천트(Vivian Merchant)와 결혼하여 1958년에 아들 다니엘(Daniel)을 낳았다.

1957년 5월, 핀터는 친구이며 동료배우였던 헨리 울프(Henry Woolf)의 부탁을 받고 처녀작으로 『방』(The Room)을 썼다. 브리스톨 대학(Bristonl University) 연극학과에서 공부를 하고 있던 울프가 이 작품을 연출했는데 매우 성공적이었다. 브리스톨 올드 빅(Bristol Old Vic) 부속 연극학교에서는 이 작품을 가지고 『선데이 타임즈』 학생 연극 경연대회에 참여한다. 연극 평론가인 해롤드 홉슨(Harold Hobson)이 이 경연대회의 심사위원의 한 사람으로 참석해, 이 작품에 대한 연극평을 썼는데, 그 평이 젊은 흥행사 마이클 코드론(Michael Codron)을 사로잡게 된다. 핀터는 코드론의 부탁으로 『파티』(The Party)(후에 『생일파티』)와 『벙어리 웨이터』를 쓴다. 이를 계기로 그에게 잠재되어 있던 극작가로서의 능력이 발휘되게 된다. 그후 핀터는 극장, 라디오, 텔레비전을 위한 작품들을 정기적으로 발표할 뿐만 아니라 자신의 작품에서 역을 맡고 연출을 겸한다. 핀터는 또한 1963년에는 영화에도 관심을 가져 조세프 루시(Joseph Losey) 감독의 『관리인』과 『하인』(The Servant)을 시나리오로 각색한다.

동 런던에서 태어났지만 유태인이라는 사실과 2차대전의 직접적 경험이 일생 동안 그에게 영향을 끼친다. 2차대전 당시 런던은 적의 제1선의 공격 대상이었기 때문에, 핀터는 정기적으로 폭격을 경험했다. 핀터는 피난 가 있는 동안에도 계속 폭격소리를 들었다. 전쟁이 끝난 후에도, 파시스트적 반유태주의는 동런던의 현실이었다. 핀터는 핵크니 거리에서 이들로부터 폭력을 당한 경험이 있었다. 이와 같은 폭력의 위협과 실상은 핀터의 의식의 일부가 되어, 마음의 영원한 상처로 남게 된다. 핀터의 대표적 비평가 중의 하나인 마틴 에슬린(Martin Esslin)은 그 상처가 바로 작가의 눈이며, 모든 세계는 바로 그 눈을 통해 인식되기 때문에 핀터에게는 세계가 상처임을 지적하였다. 이 상처가 핀터에게는 존재론적 상처로 머물게 되며, 바로 이 존재론적 상처가 초기극의 주제가 되었다. 이 존재론적 상처를 부조리극의 수법으로 전달하기 때문에 핀터는 부조리 극작가 대열에 끼게 된다. 핀터의 공헌은 이 존재론적 상처를 유럽식의 부조리극과는 다르게 영국식 부조리극으로 만들었다는 데 있다.

핀터의 초기극들인 『방』, 『벙어리 웨이터』, 『생일파티』를 보면 등장인물들이 정체를 알 수 없는 '기관(authorities)'이 행하는 폭력의 위협에 노출되어 있다. 이러한 이유로 초기극의 제 1 원리를 '폭력과 공포'라고 생각하며 그러한 원리가 작용하는 작품 전체를 "위협 희극"으로 본다. 초기극 『생일파티』, 『핫하우스』(The Hothouse), 『벙어리 웨이터』에서 정치적 상황이 빚어내는 삶의 경험을 핀터는 존재론적으로 해석하면서 구체적으로 정치적인 언급은 피하고 있지만, 그러한 작품들을 정치적 은유로 볼 수 있다. 1980년대 이후 핀터가 노골적으로 정치극임을 표방하고 쓴 『최후의 한 잔』(One for the Road), 『산골 사투리』(Mountain Language)는 명백히 정치적 요소가 들어있다. 이와 같은 정치적 성향은 전쟁 직후에, 핀터가 군대 입대를 거부한 행위에서 이미 나타난다. 그의 행위는 그가 도덕적으로 깨어있음의 제스처이다. 그는 전쟁을 비도덕적이라고 생각했으며, 그러한 생각을 내내 고수하고 있음을 후기극과 고통받는 전 세계 작가들을 위한 그의 활동 등을 통해 표현했다.

핀터의 고등학교 영어 선생인 조세프 브리얼리(Joseph Brearley)는 핀터 극작에 직접적인 영향을 준다. 브리얼리는 핀터의 영문학 경험의 폭과 열정을 심어주었으며, 언어와 글쓰기에 대한 관심을 갖게 하였다. 그의 언어와 글쓰기에 대한 관심은 풍부하고 살아있는 선후 동런던의 길거리에서 사용된 일상 언어로까지 확장된다. 이것은 그의 극작에서 중요한 요소가 된다. 그의 작품의 강점은 특별한 상황 속의 인간의 실존적 조건을 다루는 것이 아니라, 바로 일상적 차원에서의 인간의 실존을 다루는 데 있다. 『생일파티』의 골드버그, 『관리인』의 데이비스, 『귀향』(The Homecoming)의 맥스 등의 등장인물들의 대사에서 그러한 특징이 분명히 발견된다.

핀터의 배우로서 무대 경험은 특히 관객과의 문제에 구체적으로 도움을 준다. 1950년대 이후 영국의 대표적 극작가들인 존 오스본, 톰 스토파드, 에드워드 본드(이들은 모두가 대학 출신이 아니다)처럼 핀터는 극작의 영감을 이론에서보다는 실제에서 얻고 있다. 또한 어떤 비평가는 핀터가 그의 첫 부인 비비안 머천트에게서 영감을 받았음을 지적한다. 그녀는 대부분의 핀터 작품에서 여자 주인공 역할을 했다. 특히 『귀향』에서 루스(Ruth) 연기는 특히 두드러졌는데, 핀터가 작품에서 그리고자 하는 루스를 머천트는 무대 위에 그대로 구현시켜 놓았다. 그녀가 무대 위에 창조해 낸 핀터 작품 대부분의 여성 등장인물들의 특징인 성적이면서도 설명할 수 없는, 그리고 정적 분위기는 누구도 따라갈 수 없도록 연기하였다.

핀터는 배우, 극작가로만 활동한 것이 아니라 연출가로서도 활동하였다. 그는 국내와 해외 모두에서 전례없이 인정받을 뿐만 아니라 예우를 받고 있다. 1966년에 『귀향』으로 CBE상을 받았을 뿐만 아니라 셰익스피어상(함부르그), 유럽 문학상(비엔나), 피란델로상, 데이비드 코헨 영국 문학상(David Cohen British Literature Prize)을 받았다. 그는 국내와 해외의 대학에서 명예 박사학위를 수여 받았고 런던의 퀸 매리 대학(Queen Mary College)의 명예 교수이기도 하다. 그는 평생의 활동을 인정받아 로렌스 올리비에 특별상(Laurence Olivier Special Award)과 파리에서 몰리에르 데도뇌르(the Moliere d' Honneur)도 받았다. 1990년 그의 60회 생일을 축하하기 위해 라디오 3은 저녁방송 내내 그의 작품을 방영하였다. 그리고 오하이오 대학교는 그에 대한 예우로 국제회의를 열었다. 그리고 1996년 바르셀로나, 1994년과 1997년 더블린에서는 그의 이름으로 페스티발이 열렸다. 매년 *The Pinter Review*가 템파 대학에서 출판되고 있다. 핀터는 역사학자이며 귀족인 안토니아 프레이저(Antonia Fraser)와 결혼하여 현재 런던에서 살고 있다.

연극가의 상황과 변화

핀터의 초기극이 준 충격과 그것에 대한 비평적 반응을 이해하려면 그 작품들이 쓰여졌던 당시의 연극가의 상황을 알아야 할 필요가 있다. 1950년대 후반과 1960년대 초반은 연극적 관점에서 보았을 때 현재의 상황과는 매우 달랐다. 2002년의 시점에서 핀터를 주요 극작가로 여기는 것과 1950년대 후반의 시점에서 핀터를 주요 극작가로 여기는 것의 의미가 다름을 혼동해서는 안 된다. 1950년대의 시점에서 보았을 때, 그의 초기 작품은 도전적이었으며 독창적인 스타일이었다. 작품이 도전적인 만큼 논쟁의 소지를 충분히 안고 있었다. 놀라운 것은 40년이 지난 오늘날에도 핀터는 여전히 관심을 끈다는 것이다. 핀터가 계속 관심을 끄는 이유는 스타일과 주제에 있어 꾸준한 발전을 보여왔기 때문이다. 50년대 이후 영국 현대 희곡사에서의 핀터의 공로는 인정해야 한다. 그의 초기 작품들인 『생일파티』, 『관리인』, 『귀향』 등이 훌륭한 작품들로 인정 받는 이유는 그 작품들이 당시의 연극가의 흐름을 바꾸어 놓는 데 결정적 역할을 했기 때문이다.

핀터가 배우로서 활동을 시작했을 때의, 영국의 극장가는 극작가들의 활동을 제한하고 있었다. 극장은 상업적으로 영리를 위해 운영되었기 때문이다. 이들 극장의 목표는 스타들에 의존해 관객들에게 재미를 제공함으로써 많은 이익을 올리는 데 있었다. 이 당시에는 로얄 코트 극장(The Royal Court Theater), 영국무대 극단(English Stage Company), 로얄 셰익스피어 극단(Royal Shakespeare Company), 국립극장(National Theatre)이 아직 없었다. 그리고 우리가 오늘날 알고 있는 국가 보조금(Arts Council의 예산은 거의 새로운 작품을 지원하지 않았다)도 없었으며 런던에 프린지 극장(fringe theatre—실험연극을 위한 주변 소극장)도 없었다. 더군다나 연극을 위한 정규 교육도, 연극을 위한 대학 자격시험도 없었으며, 따라서 대학에는 연극학과도 없었다. 연극공연은 당시에 대학의 관심을 끌지 못했기 때문이다.

물론 당시의 고전 작품들은 런던의 극장들에서, 그리고 순회 극단에 의해 공연되었다. 이미 언급했듯이, 핀터도 셰익스피어와 소포클레스로 순회공연을 다녔다. 그러나 아직 세인의 주목을 받을 수 있는 '새로운' 극작품들이 나올 충분한 여건이 마련되지 않았다. 전후에 가장 재능 있는 연극 비평가로 영국에서 인정받는 케네스 타이넌(Kenneth Tynan — National Theatre의 첫 번째 문학 담당 매니저)은 1955년 영국의 극장 상황에 대해 "수입작품, 리바이벌을 빼면 단 5분 동안이라도 지적 토론을 할 수 있는 작품이 하나도 없다"고 탄식한다. 타이넌은 당시의 사회적 · 정치적 문제를 담은 새로운 연극, 생명력 있는 연극을 위한 개혁운동에 참여하였다. 타이넌이 유감으로 삼았던 것은 당시 작품들이 진지한 '내용'을 담고 있지 않다는 것이었다. 다시 말해 작품들이 당시 영국의 삶을 반영하지 못한다는 것이었다. 그는 전후의 깊은 잠에서 깨어난 젊은 세대를 대변했다. 그 젊은이들의 목소리는 그때까지 극장에서 부재했었다. 타이넌과 같은 비평가와 외부 연극의 영향 등에 힘입어 2-3년 후부터 영국의 연극가는 변화하기 시작한다. 1955년부터 1960년대 중반까지 '르네상스', '혁명'이라고까지 할 정도로 대변화가 일어났다. 1955년에 제대로 된 새로운 극작가가 한 명도 없다는 타이넌의 탄식과는 대조적으로, 1992년도의 현대 영국 극작가(Contemporary British Dramatists)라는 제목을 가진 영국문화원(British Council) 전시 카타롤그에는 관심을 끌 만한 극작가가 66명이나 되었다. 이중 1955년에 알려진 극작가는 한 명도 없었다.

20세기 후반부에 일어난 변화는 1950년대 후반과 1960년대 초반부터 시작되었다. 변화의 계기를 마련한 것은 작품들을 찾는 새로운 극단의 설립이었다. 젊은 작가들에게 이제 새로운 글쓰기를 위한 기회가 주어졌다. 1956년부터 1965년까지 다양한 글쓰기 스타일을 가진 극작가들이 탄생하게 된다. 존 아든, 존 오스본, 사뮤엘 베케트, 해롤드 핀터, 아놀드 웨스커, 피터 쉐퍼, 조 오튼, 에드워드 본드, 톰 스토파드 등이다. 이들의 공통점은 현대 영국에 대한 불만을 타협하지 않고 표현한 것이었다.

또 한편 1950년대 후반에, 전통적으로 대륙과의 교류를 달가워하지 않던 영국 극장이 전후 유럽 극장의 변화를 눈여겨보기 시작한 것이다. 1955년에 사뮤엘 베케트의 작품 『고도를 기다리며』가 런던에서 공연되었고, 다음 해에 동독 극작가인 버톨트 브레히트(Bertolt Brecht)가 이끄는 극단인 벨리너 앙상블(Berliner Ensemble)이 런던을 방문했다. 이 두 공연은 그 당시 안이했던 영국 극장에 커다란 사건이었다. 이 두 사건은 1960년대부터 2001년까지 영국 현대연극의 주요 흐름을 결정하였다. 그중 하나는 부조리극이고 또다른 하나는 여성 연극과 정치극이다. 핀터는 이 둘 중에 부조리극에 속한다. 핀터의 후기극을 비평가들은 정치극의 카테고리에 넣고 싶어하지만 그의 정치극은 하워드 브렌튼(Howard Brenton)이나 데이비드 헤어(David Hare) 등의 정치극과는 다르다. 그는 정치적 상황을 작품의 소재로 삼을 뿐 작품이 제시하는 세계관은 여전히 실존적 부조리이다. 외부 세계와 관계가 있는 구체화되지 않은 '위협(menace)', 희극적 요소와 심각한 스트레스의 결합, 과거에 대한 검증의 결여, 이와 같은 모든 극적 상황들에 나타나는 외관상의 부조리성 등은 핀터를 마틴 에슬린의 저서 『부조리 연극』(*The Theatre of the Absurd*)에서 부조리 작가의 대열에 서게 한다.

극작가로서의 핀터

그 자신도 인정하듯이, 핀터는 사뮤엘 베케트식의 대화와 암울한 세계관에 영향을 받는다. 그럼에도 불구하고, 앞에서도 언급했듯이 핀터는 '핀터레스크' (Pinteresque)라는 자신만의 스타일을 개발한다. 핀터는 자신만의 스타일을 폭력과 위협으로 가득 찬 세계에 대한 구체적 경험과 영국의 희극 전통과 사실주의 전통을 합해 만든다. 마틴 에슬린은 이중에서 핀터 작품의 '사실주의적' 특징에 관심을 둔다. 그러나 핀터의 관심은 사실주의 자체에 있지 않다. 사실주의적인 대화나 행위를 내면의 무엇인가를 드러내기 위한 수단으로 사용하기 때문이다.

핀터의 작품은 사실주의 효과를 내기 위해, 진부한 연극 틀인 잘 짜여진 형식을 그대로 답습하고 있다. 그러나 심층적으로 보면 새로운 용기에 새로운 내용을 담고 있음이 밝혀진다. 핀터는 기존의 틀인 잘 짜여진 극형식을 해체하기 위하여 바로 그 형식을 사용하고 있는 것이다. 핀터는 과거의 세계관을 해체하기 위해 과거의 형식을 사용함으로써 이중의 효과를 얻는다. 첫째는 과거의 형식과 내용을 해체시키면서 동시에 새로운 형식과 내용을 만들어낸다. 이러한 점이 핀터가 베케트와 다른 점이다. 핀터는 분명히 실존적 부조리를 작품에 구현하고 있다. 그러나 베케트가 만들어내는 부조리극의 세계와는 전혀 다르다. 핀터는 과거의 형식 속에 담긴 일상적 세계, 극히 우리에게 친숙한 구체적인 세계들을 해체시킴으로써 부조리한 세계를 그려내는 것이다.

'노동자 계층을 심각하게 다루는 데 관심을 가졌던 50년대 새로운 작가인 존 아든과 아놀드 웨스커처럼 사회문제에 관심을 가진 작가로 핀터를 분류하려는 비평가들이 있다. 그 이유는 핀터 초기 작품의 등장인물들이 대부분 하층계급 출신 노인들이기 때문이다. 또 한편, 『생일파티』에서 빼놓을 수 없는 중요 요소인 폭력을 오스본의 수사적 폭력과 본드의 물리적 폭력으로 연결하여 해석하려 한다. 핀터를 이처럼 다른 작가들과 연관시키려는 것은 무엇이든 반드시 이용하려는 비평가의 학자적 태도에서 비롯된다고 생각한다.

핀터는 항상 로얄 코트 극장(Royal Court Theatre)과 관련을 맺은 '사회적' 극작가들이 주장했던 현실참여를 부인했다. 그는 어떤 그룹에 소속된 적이 없다. 사실 핀터는 희극, 비극 또는 소극과 같은 전통적 드라마 형식들로 자신의 작품을 분류하는 것은 부적절하다고 생각했다. 그의 작품해석에 있어 가장 중요한 것은 '나 자신을 위한 글쓰기'라는 핀터의 생각이다. "처음부터 끝까지 그리고 항상, 당신은 쓰기를 원하는 무엇인가가 있기 때문에, 써야만 하는 무엇인가가 있기 때문에 쓴다"("Writing for Myself", *Plays Two*, ix)라고 핀터가 피력했듯이,

핀터의 극작은 일차적으로 그 자신을 위한 것이다. 핀터 작품의 희극적 요소, 사실주의적 요소 근간에 이러한 생각이 들어 있다. 바로 그 점, 사실주의석 기법을 사용함에도 불구하고 객관적이지 않고 개인적인 점이 핀터만의 독특한 스타일을 만들어내게 한다.

자신이 정치적임을 표방하고 나선 1980년대 핀터는 멜 거쏘(Mel Gusseow)와의 대담에서 자신의 작가 경력을 정치적인 관점에서 3기로 나눈다. 50년대 후반을 제1기, 50년대 후반 이후 『최후의 한 잔』의 발표 이전까지 제2기, 그 후를 제3기로 본다. 핀터에 의하면 제1기에 자신은 "일종의 정치적 극작가(political playwright of a kind)"였으며, 제2기는 완전히 비정치적 작가로 비정치적 작품을 썼다고 한다. 이처럼 정치 의식이 잠들어 있었던 제2기를 베네딕트 나이팅게일(Benedict Nightingale)은 몽유병 시기라 부른다. 이 시기에 속하는 대표 작품이 『귀향』, 『사장된 땅』(No Man's Land), 『배반』(The Betrayal) 등이다. 제3기의 핀터는 고문과 핵문제와 같은 정치 문제에 적극적 관심을 갖게 되고 이러한 정치적 관심이 『마지막 한 잔』과 『산골 사투리』로 구체화되어 나타난다.

앞에서 언급했듯이, 일반적으로 초기의 핀터는 개인적이며 존재론적인 문제에 관심을 가졌다. 초기극에 부조리적 세계관이 강하게 나타나는 것은 부인할 수 없는 사실이지만, 또 한편으로 이러한 작품들에 핀터의 정치적 의식이 내재되어 있는 것 또한 사실이다. 제1기 작품인 『생일파티』와 제3기 작품인 『최후의 한 잔』에서 우리는 공통된 정치의식을 찾아볼 수 있는데 그것은 알 수 없는 어떤 기관(a certain authoritarian forces)'에 의해 파괴되는 개인을 그린다는 점이다. 핀터는 이 두 작품들의 차이는 은유적이냐 구체적이냐에 있다고 한다. 제1기의 핀터는 정치에 대해 매우 회의적이었기 때문에 그들에게 이용당

하지 않겠다는 결심을 했다고 나이팅게일과의 대담에서 밝힌다. 그의 정치 의식이 실존문제와 합쳐져 개인적 차원에 머문 것은 바로 그러한 이유에서였다. 사실, 핀터는 초기부터 정치적으로 깨어 있었다. 그럼에도 불구하고 참여하게 되면 오히려 이용당한다는 생각을 가지고 있었기 때문에 그가 할 수 있는 최선의 길은 거부하고 인정하지 않고 참여하지 않는 것이었다. 정치적 의식이 바깥으로 뻗지 못하고 그것이 오히려 그에게 한계로 작용하였기 때문에 제2기 핀터의 작품은 '권태와 무력감의 결합'이라는 특징을 보인다. 정치적 은자인 핀터가 저널리스트들의 공격 대상이 되면서 대중에게 어필하기 시작한 것은 1985년 아서 밀러(Arthur Miller)와 국제 펜 대회를 위해 터키를 방문하면서부터이다. 밀러와 핀터는 터키에서 행해시고 있는 이야기로만 듣던 '내량체포, 구타, 고문' 등을 직접 경험하게 된다. 핀터는 미국 대사관에서 밀러를 위해 베푼 정찬에 참석하게 되는데, 이 때 핀터는 정치적 문제로 공방을 벌이다가 극도로 흥분하여 미국 대사에게 "당신의 성기에 전기를 통하게 한다면, 그처럼 다양한 의견을 개진할 수 없을 것이다"고 공격한다. 대사를 향한 이와 같은 모욕적 언사로 인해, 핀터와 밀러가 터키를 떠나면서 갖기로 한 기자회견이 취소되고, 터키에서의 행적을 샅샅이 조사당한다. 터키 여행을 계기로 핀터는 시위에 참여하는 등 적극적으로 정치에 대한 관심을 표출한다. 터키에서의 인권을 위협하는 고문의 실상이 이처럼 핀터를 변화시킨다.

고문의 문제와 함께 핀터를 정치적으로 각성하게 한 또다른 문제가 있다. 그것은 20세기 인간의 생존을 위협하는 핵의 심각성이다. 인류의 존폐가 달려 있는 핵의 심각성과 인권을 위협하는 고문 등은 초기 작품에서 은유로 머물러 있던 핀터의 정치의식을 바깥으로 표출시킨다. 『최후의 한 잔』을 계기로 핀터는 자신이 정치적으로 변했음을 인정한다. 그러나 핀터가 말하는 '정치적'이란 아지트프랍(agit-prop) 선전 선동극 계열의 데이비드 헤어나 하워드 브렌튼 등의 '정치적'과는 성격을 달리한다. 핀터는 이들처럼 구체적 정치현실에 관심이 없었기 때문에 구체적 정치사상에도 관심이 없었다. 그의 관심은 권력의 본질과 그것을 행하는 주체의 본질을 정확하게 파악하여 사람들에게 알게 하고 인식시키는 데에 있다. 그리고 권력이 공식화시키면서 자행하는 폭력으로 인한 인권 유린의 현장을 관객에게 경험하게 하는 데에 있다.

핀터는 1990년대에 들어서면서 발표한 『새로운 세계 질서』(*The New World Order*, 1991)와 『정확하게』(*Precisely*, 1991)로 1980년대의 정치극을 마감한다. 그러나 정치주의 여파는 같은 해에 발표한 『파티타임』(*Party Time*)에서도 찾을 수 있다. 『파티타임』에는 제3기의 정치극 요소들이 아직 남아 있기는 하지만 80년대 정치극과는 다른 양상을 띠기 시작한다. 외부 세계에서 정치적 사건으로, 아니면 국제간의 분쟁으로 누가 희생되든 상관하지 않는 상류계층 사람들의 사교생활에 초점을 맞춘다. 그러나 이 외부 세계의 정치적 사건을 그저 바깥에만 있지는 않음을, 상류계층 사람들의 삶이 그러한 사건을 가능하게 함을 암시한다.

1993년에 발표한 『달빛』(*Moonlight*)에서 핀터는 과거의 핀터로 돌아간 듯한 인상을 준다. 핀터 자신도 밝히듯이, 이 작품은 브리지트의 역할을 중심에 두었다는 점에서 루스의 역할을 중심에 둔 『귀향』은 회상극으로, 공간처리는 『침묵』(*Silence*)을 떠올리게 한다. 그런가 하면 "현존하는 죽은 자(the dead being present)"의 현실에 대한 영향을 다룬 점에서는 『사장된 땅』(*No Man's Land*)의 일부를 보는 것 같다. 그러나 핀터는 이 작품에서 앞에 발표한 많은 작품들의 테마, 장치들을 사용하고 있지만, 앞의 작품들보다 훨씬 어둡고 모호하다.

핀터는 3년 후, 1996년에 다시 새로운 작품 『재는 재로』(*Ashes to Ashes*)를 발표한다. 여기서 다시 제3기의 폭력 문제가 나타난다. 그럼에도 불구하고 제3기의 작품과는 매우 다르다. 마치 이 작품은 핀터 초기의 『정부』(*Lover*)를 보는 듯하다. 현실과 환상의 세계가 뒤얽혀, 어느 것이 현실인지 환상인지가 구분이 안 간다. 그러나 핀터는 여기에 머무는 것이 아니고 폭력과 사랑의 문제를 병합시킨다. 두 남녀의 행동이 사랑에서 나온 행동인지 아니면 고문처럼 폭력을 휘두르는 장면인지가 묘하게 얽혀 구분이 되지 않는다. 이 작품은 남녀관계를 사랑이라는 이데올로기 하에 저지르는 폭력의 시각으로 보여주면서, 또 한편 시민에 대한 탄압을 평행선으로 놓아 그것도 그러한 관점에서 보게 만든다.

핀터는 1996년 『재는 재로』라는 작품을 발표한 후 밀레니엄을 기념하는 의미에서 2000년 1월에 『축하파티』(*Celebration*)라는 작품을 발표한다. 이 작품은 물론 밀레니엄을 단순하게 축하하는 작품이 아니다. 오히려 냉소적으로 비웃는다는 것이 정확한 해석일 것이다.

『축하파티』는 2000년 3월 16일에 공연되었다. 2000년은 핀터의 70번째 생일이므로 이 작품의 제목은 적절하게 붙여진 것이다. 『축하파티』는 핀터적 언어풍자의 축하파티이다. 그러나 그것은 분명히 마가렛 대처 이후의 영국을 그려내고 있다. 탐욕스럽고 침묵을 강요하는 지적 기준들이 지배하는 사회를 그려내는데, 끊임없이 자신의 할아버지에 대한 향수어린 기억들을 쏟아내는 지적 스놉인 젊은 웨이터는 잃어버린 가치들을 대표하는 것인지 아니면 재재거리는 계층들을 조롱하기 위한 것인지가 분명치 않고, 이 모두를 의도한 것이 아닌가 하는 생각이 든다. 그의 대사는 사그라져 가는 상류 계층들의 대화를 떠올리게 하면서 동시에 그들을 조롱한다. 어떤 면에서 핀터 자신을 조롱하고 있는지도 모른다. 오스트로-헝가리 제국으로부터 이민온 조상의 손주인 핀터는 에이츠, 오든, 카프카, 조이스 같은 커다란 이름들을 존경하는 자신을 비웃는다. 그리고 30년대, 40년대, 50년대 헐리우드 영화의 열성 팬이 었던 그 자신을 비웃고 있는지도 모른다. 이 작품은 웨이터의 갈망으로 연극이 끝나게 된다. 그러한 종결이 공중에 매달린 상태로 있다.

『달빛』, 『재는 재로』, 『축하파티』는 모두 멜랑콜리 독백으로 끝난다는 공통점을 보인다. 브리지트는 결코 열리지 않았던 파티에 대한 대사로, 레베카는 잃어버린 아기에 대한 슬픔으로, 그리고 젊은 웨이터의 끝맺지 못한 끼여든 대사로 끝을 낸다. 이는 암울한 현실 속에서 가능성을 찾으려는 핀터의 독백이 아닐까 생각해 본다.

핀터 작품에서 세 부호점(three dots), 사이(pause), 침묵(Silence)은 어떻게 읽어야 하나?

핀터 작품에 있어 세 부호점(Three dots), 사이(pause), 침묵(silence), 암전(blackout), 막(curtain) 등은 작품의 구성 요소들이다. 핀터는 이것들을 유효 적절히 사용함으로써 전체적으로 작품이 꽉 차인 구조를 가지게 함과 동시에 효과적으로 텍스트 이면에 있는 섭텍스트(subtext)를 드러나게 한다. 특히 막과 암전(blackout)은 전체적 작품의 틀을 준다. 막은 작품이 시작되었음과 끝났음을 알리며, 암전은 시간의 경과와 더불어 장면을 나누어 주는(scene divider) 역할을 한다. '사이'는 대화에 리듬을 부여하며, '침묵'은 전체적으로 액션 전개의 의미있는 경계가 된다. 막을 제외한 나머지 것들은 동시에 섭텍스트를 부각시키는 역할을 한다.

표면구조와 심층구조가 역설적인 관계에 놓여있는 핀터의 작품에는 객관적 현실과 주관적 내면세계가 동시에 존재한다. 객관적 현실에서의 등장인물은 가면 뒤에 감정을 감추고 자신의 영역을 확보하기 위해 지배하느냐 지배당하느냐의 적대적 게임(games of hostility)을 벌인다. 핀터의 작품 속 등장인물들이 벌이는 게임은 형이상학적 침묵이 지배하는 상황에서 비존재로 물러나지 않기 위해서 벌이는 베케트의 게임과는 다르다. 베케트의 게임은 때때로 등장인물간의 연대감을 형성하게 한다. 그러나 게임을 멈추는 순간 등장인물들은 그들의 삶의 조건인 절망과 무를 대면하게 된다. 반면에 핀터의 등장인물들이 벌이는 게임은 영역다툼의 사회성을 띤 목적 있는 게임에도 불구하고, 이들은 게임을 벌이면서 항상 자신과 관계하기 때문에 "개인 내의 갈등(intrapersonal conflict)"을 느낀다. 이러한 갈등을 통해 때때로 등장인물들은 타인과의 관계 속에서 본래적 자기를 경험하게 된다.

적대적 게임을 벌일 때의 수단은 언어이다. 게임 참가자들은 '자기 자신의 적나라함을 가리면서' 남을 공격하기 위한 '끊임없는 책략'으로 언어를 사용한다. 기도 알만지(Guido Almansi)는 이러한 책략의 언어를 "사회적 진보를 목적으로 하는 언어"가 아니라 "실존적 생존을 위한 언어"로 본다. 이는 삶을 깨우치는 계몽의 역할을 하지 못하고 오히려 삶을 혼미하게 할 뿐이다. 실존적 생존을 위한 게임에 사용되는 언어는 거짓말과 책략의 타락한 언어이다.

이러한 게임에 사용되는 언어는 발화되는 순간부터 생명력을 상실하게 되는 분절 담화(articulate speech)이다. 말의 모호함(verbal ambiguity)의 원천인 분절 담화는 등장인물들의 대화와 그들이 만들어내는 이야기에서 큰 비중을 차지한다. 핀터에 의하면 그것은 사용하면 사용할수록 의미를 상실하며 생명력이 소진된다.

내가 분절 담화에 주의를 기울이지 않는 한 가지 이유는 담화가 분절될 때, 점점 더 의미가 없어지기 때문이다. 이런 담화들은 더 이상 살아있지 않다. 그것들은 개화된 분절적인 사람들의 살아있는 언어의 숨결을 가지고 있지 않은, 단지 캐치 프레이즈와 습관적 교환에 지나지 않을 뿐이다.

Hallom Termysoner와의 대담에서, 1960년.

그러나 핀터의 작품은 분절 담화로 이루어진 책략적 언어로 지배와 비굴의 파워 게임을 벌이는, 비인간화된 인간관계를 제시하는 것으로 머물지 않는다. 랜덜 스티븐슨(Randall Stevenson)이 핀터의 공적은 연극의 기존 관례를 지키면서 개인의 내면세계를 무대 위에 올리는 것을 가능하도록 문체, 보조(pace), 극적언어(dramatic language)를 개발한 것이라고 지적하듯이(53), 핀터 작품은 책략적 언어가 초래하는 지배와 굴종의 인간관계에 관심이 있는 것이 아니라, 책략적 언어가 방어하고 보호하는 등장인물의 내면세계를 탐사하는 데에 목적이 있는 것이다.

핀터의 극중인물은 내면세계가 살아있는 중심인물과 죽음의 상태의 마비된 삶을 살아가는 인물로 나뉘어진다. 전자는 자신의 생각을 표현할 때 분절 담화와 더불어 사이와 침묵, 때때로 시적 모놀로그를 사용하는 데 반하여 후자는 분절 담화를 주로 사용한다. 분절 담화는 핀터가 창작할 때 극복해야 할 장애물이듯, 등장인물들이 내면적인 핵심의 감정 세계로 들어가 개인의 개별성을 주장하려면 극복해야 할 장애물이다. 중심되는 인물은 실존적 창조자로서 지배와 굴종의 인간관계와 인간관계를 지배하는 타락한 언어와의 투쟁을 통하여 자신의 내면세계를 탐사해 간다.

핀터는 등장인물 중 자신이 겪는 것과 동일한 패턴의 정신적 변화를 보이는 실존적 창조자로 살아가는 등장인물의 인식세계의 변화를 직접적인 언어로 표현하지 않고 '담화 중 침묵(spoken silence)' 과 '담화하지 않을 시 침묵(unspoken silence)' 사이의 갈등을 통하여 나타낸다. '담화 중 침묵' 은 말 뒤에 있는 침묵을 의미하며 '담화하지 않을 시 침묵' 은 가면을 벗은 상태에서 오는 침묵을 말한다. '담화 중 침묵' 은 구문론적으로 불합리한 대화와 내적 독백의 두 종류로 되어 있고 '담화하지 않을 시 침묵' 은 말하는 가운데 떠오르는 세 부호점, 침묵 그리고 사이로 이루어져 있다. 세 부호점은 주로 화자가 자신의 생각을 구상해서 표현하기 어려움을 나타내며, 침묵과 사이를 통하여 핀터는 그의 등장인물들이 어떻게 사고하고 있는가, 어떤 감정상태인가를 전달한다. 그는 '담화 중 침묵' 을 통하여 그들의 마비된 삶 속에서의 정신상태를 보여주며, '담화 중 침묵' 과 '담화하지 않을 시 침묵' 의 갈등에서 나타나는 사이와 침묵을 통해서는 등장인물 사이에, 또는 한 등장인물의 의식과 무의식의 동기가 침묵 가운데 상호작용하는 것을 경험한다. 에슬린에 의하면 사이의 순간은 '폭풍의 정지된 중심(the still centers of the storm)' 이며, 침묵은 그와 같은 격정기가 끝났음을 알려준다. 그러나 때때로 침묵은 망각의 세계로 빠져드는 경우, 물러나는 경우, 무로 해체되는 경우, 고립되거나 도덕적 무감각 상태로 되는 경우, 그리고 위협과 투쟁의 순간에도 사용된다.

연극이 시작할 때의 극중인물들은 서로 대화하는 것같이 보이지만 정신적인 마비상태에 있기 때문에 상투적 언어를 사용하든지 습관적으로 뒤에 숨든지 아니면 내적 독백을 하는 경우가 대부분이다. 이때 이들이 사용하는 언어는 표현과 내용이 다르게 나타난다. 그들은 자신들에게 변화를 가져올 수도 있는 것과 부딪치기보다 피하고 싶은 마음이 강하게 작용해 형식만이 남은 죽은 언어를 사용하기 때문이다. 이들이 계속 피함에도 불구하고 실제로 언어의 이면에 숨어있는 침묵을 통하여 또는 간간이 떠오르는 침묵이나 사이를 통해 그들을 위협한다. 이러한 갈등이 점점 발전하여 '진정한 침묵(true silence)'이 찾아오게 된다. 이 순간은 완전한 침묵으로 끝날 수도 있고 표현과 내용이 일치하게 되는 생명력을 가진 시적 독백이 터져 나오는 계기를 마련하기도 한다. 시적 독백이 나오는 순간은 텍스트에 섭텍스트가 영향을 미치는 순간으로 중심인물의 자기실현이 일어난다. 그러나 이러한 순간은 오래 지속될 수 없다.

참고문헌

- Almansi, Guido & Simon Handerson. *Harold Pinter*. London: Methuen, 1983
- Esslin, Martin. *Pinter: A Study of His Plays*. New York: The Norton Lib., 1976.
- Inns, Christopher. *Modern British Drama 1890-1990*. Cambridge: Cambridge Univ. Press, 1992.
- Naismith, Bill. *Harold Pinter : The Caretaker, The Birthday Party, The Homecoming*. Faber Critical Guides, London: Methuen, 2000.
- Rusinko, Susan. *British Drama 1950 to the Present: A Critical History*. Boston: Twayne Publishers, 1989.
- Stevenson, Randall. "Harold Pinter Innovator," Harold Pinter: *You've Never Heard Such Silence*. ed. Alan Bold. Totawa, N.J.: Vision Press, 1984.

나 자신을 위한 글쓰기
Writing for Myself

....

1961년 2월 『20세기』에 실린 리차드 핀들레이터와의 대화에 기초함.

내가 기억하기로 처음 극장에 간 것은, 셰익스피어를 공연하는 도날드 올피트를 보기 위해서였다. 나는 그가 리어를 연기하는 것을 여섯 번이나 보았고 후에 그 작품에서 왕의 기사로 출연해 그와 함께 연기를 하기도 했다. 나는 스무 살이 되기 전까지 실은 연극을 거의 보지 않았다. 그리고 나서 나는 너무 많은 극에 출연했다. 애뉴 맥매스터와 아일랜드에서 18개월을 보냈다. 지방 순회 극단의 하룻밤 공연을 하기도 하고 레퍼토리 극단에[1] 속해 이곳 저곳 — 허더스필드, 토키, 비네마·우스, 위트비, 콜체스터, 버밍엄, 체스터필드, 워딩, 팔머즈 그린과 리치몬드 — 을 다니며 공연하기도 했다. 9년간 배우로 활동했는데 (데이비드 배론이란 이름으로) 나는 계속 연기를 더 하고 싶었다. 최근에 첼텐햄에서 『생일 파티』의 골드버그 역을 연기했을 때에는 너무나 즐거웠다. 나는 그 역을 다시 하고 싶다. 그렇다, 배우로서의 경험은 내 작품에 영향을 주었다 — 주는 게 당연하다 — 정확하게 이거라고 말하는 것은 불가능하지만 말이다. 믿거나 말거나 내게는 매우 중요한 구성과 구연 가능한 대사에 대한 감각을 발전시켜 왔다. 나는 초기작을 쓸 때 무엇이 관객을 침묵하게 하는지에 대한 꽤 정확한 견해를 가지고 있었다. 무엇이 그들을 웃게 하는지에 대해서는 잘 알지 못했다. 전혀 알지 못했다. 내가 연극 무대를 위한 글쓰기를 할 때 나는 내게 익숙한 무대를 그저 볼 뿐이다. 나는 원형 극장에서 일해왔고 그것을 즐겼다. 하지만 그 방법을 염두에 두고 작품을 쓰게 되지는 않는다. 나는 배우로서 작업하던 일반적인 액자 무대를 항상 염두에 둔다.

나는 연기하면서 늘 글을 써왔다. 희곡은 아니다. 수백 개의 시 — 그중 열두 개 정도는 재판을 할 만한 가치가 있을 것 같다 — 그리고 짧은 산문들. 이중 많은 것들이 대화체로 이루어져 있다. 그중 하나는 내가

---

1) 레퍼토리 극단: 일정수의 프로를 번갈아 상연하는 극단.

훗날 『단상』으로 만들게 된 독백이다. 나는 소설도 썼다. 어느 정도는 자전적인 것인데 해크니에서의 젊은 시절 한 부분을 기초한 것이다. 나는 변신을 하고 소설에 등장했지만 주인공은 아니었다. 소설의 문제점은 너무 긴 시간에 걸쳐서 펼쳐져 있으며 너무 여러 가지 스타일을 포함하고 있어서 잡탕찌개같이 된다는 것이다. 하지만 나는 『난쟁이들』이란 소설에서 나의 라디오극, 『난쟁이들』 중 탐구할 만한 가치가 있는 긴장감들을 사용하였다.

1957년까지 나는 희곡을 쓰지 않았다. 어느 날 나는 어떤 방에 들어가서 몇 사람이 그 안에 있는 것을 보았다. 이것은 그 후로도 얼마간 내게 달라붙어 있었다. 이걸 표현해 내고 내 마음에서 털어 낼 수 있는 방법은 연극을 통해서만이라고 느낀다. 나는 두 사람이 있는 영상을 가지고 시작했고 거기서부터 두 인물이 움직여 나가도록 했다. 글쓰기의 종류를 하나에서 다른 것으로 계획적으로 옮겨가는 것은 아니었다. 자연스러운 움직임이었다. 내 친구인 헨리 울프는 브리스톨 대학에서 이 결과물 ─ 『방』 ─ 을 상연해 냈다. 그리고 몇 달이 지난 1958년 1월에 그 작품은 ─ 다른 제작 팀에 의해 ─ 대학 연극 축제에 포함되었다. 마이클 코드론이 이 극에 대해 듣고 즉시 내게 장막극을 가지고 있느냐고 물어왔다. 나는 『생일 파티』를 막 끝마친 상태였다.

나는 특정한 상황에 처한 사람을 소재로 시작한다. 어떤 추상적인 개념을 가지고 글쓰기를 시작하지 않는다. 그리고 상징으로 말하면, 내 눈으로 본다 치더라도 나는 알지 못할 것이다. 예를 들면 나는 『관리인』에 매우 이상한 무엇이 있다고 생각하지 않는다. 그리고 왜 많은 사람들이 그 작품을 자기들식으로 보는지 이해할 수가 없다.

내가 보기에는 매우 직설적이고 단순한 극이다. 내 희곡의 기원이라? 가능한 한 정확히 말하겠다. 나는 방에 들어가서 한 사람이 서 있고 한 사람이 앉아 있는 것을 보았으며 몇 주 후에 『방』을 썼다. 나는 다른 방에 들어가서 두 사람이 앉아 있는 것을 보았고 몇 년 후에 『생일 파티』를 썼다. 나는 문을 통해서 제 3의 방을 들여다보았고 두 사람이 서 있는 것을 보고 『관리인』을 썼다.

나는 관객을 염두에 두고 글을 쓰지 않는다. 그냥 쓴다. 관객에 대해서는 운에 맡긴다. 처음부터 그렇게 해왔다. 그리고 그 방법은 성공했다 — 관객이 생겼다는 점에서 그렇다. 세상에 대해서 하고 싶은 말이 있다면, 당신은 겨우 수천 명만이 당신 극을 보게 될까봐 걱정할 것이다. 그래서 당신은 뭔가 다른 일을 할 것이다. 종교적인 지도자가 되거나 아마 정치가가 될 것이다. 하지만 당신이 명백하고도 직접적으로 세계를 향해서 그 어떤 특정 메시지를 전파하고 싶지 않다면 그저 글을 쓰는 것으로 만족하게 될 것이다. 도대체 그 누군가가 처음에 내 극을 보러왔다는 것에 대해서 나는 늘 놀랐다. 왜냐하면 그 극을 쓰는 일은 매우 사적인 일이었기 때문이다. 나는 나 자신의 보람을 위해서 글을 썼다 — 여전히 그렇다. 누군가가 참여한다면 그것은 완전한 우연이다. 처음부터 그리고 마지막까지, 그리고 내내 계속해서 뭔가 쓰고 싶은 것이 있기에, 써야 할 것이 있기에 글을 쓴다. 자기 자신을 위해서 말이다.

나는 내 극에서 일어나는 일이 어디서나, 어느 때나, 어느 장소에서나 일어날 수 있다고 확신한다. 비록 처음 보기에는 낯설지 모르지만 말이다. 정의하자면 내 극에서 벌어지는 것들이 사실적이라고 할 수 있지만 내가 하고 있는 것이 사실주의는 아니다.

텔레비전을 위한 글쓰기라? 나는 글쓰기의 종류를 구별하지 않는다. 하지만 연극 무대를 위해서 글을 쓸 때는 늘 액션이 이어지도록 한다. 텔레비전은 한 신에서 다른 신으로의 재빠른 편집을 가능하게 한다. 요

즘 나는 점점 더 그림의 관점으로 보게 된다. 누군가가 방문을 두드리고 있다고 생각하면 나는 클로즈업으로 문이 열리는 것과 망원경으로 누군가가 계단을 올라가는 것을 본다. 물론 언어가 그림과 함께 가지만 텔레비전에서는 무대에서보다는 궁극적으로 언어가 덜 중요하다. 내가 쓴 『밤나들이』이라는 극은, 그림과 언어를 성공적으로 융합한 것이다. 아마도 처음에는 라디오 대본으로 썼기 때문에 그럴지도 모르지만. 천육백만 명의 사람이 그 극을 텔레비전에서 보았다. 그건 정말 받아들이기 어렵다. 생각할 수조차 없다. 그런데 텔레비전 극을 쓸 때는 그런 것을 생각하지 않는다. 나는 텔레비전이 한정적이거나 제약을 준다고 생각하지 않는다. 반드시 사실주의에 한정된다고 생각하지도 않는다. 텔레비전의 가능성은 그것을 훨씬 넘어선다. 나는 지금 사실적이지 않으면서 텔레비전에서 매우 효과적일 것 같은 구상을 한두 개 가지고 있다.

나는 라디오 작품 쓰는 것을 좋아한다. 자유롭기 때문이다. 몇 달 전 『난쟁이들』을 썼을 때 나는 형식을 가지고 실험할 수 있었다 — 움직임이 가능하며 유연한 구조, 다른 어떤 매체보다도 유연하면서 변화 가능하다. 내용의 관점에서 보면 나는 뭐든지 다 할 수 있고 다른 매체에서는 받아들여지지 않을 정도로까지 탐구하는 것을 즐길 수 있다. 결과는 청취자들에게 완전히 이해 불가능한 것이 되겠지만 내게는 그렇지 않고 또한 매우 소중한 것이었다.

아니, 일반적인 용어의 관점에서 볼 때 나는 종교적으로나 정치적으로나 참여 작가는 아니다. 그리고 나는 특정 사회 기능에 대해서도 의식하지 않는다. 나는 글을 쓰고 싶기 때문에 그냥 글을 쓴다. 내게는 그 어떤 플래카드도 달려 있지 않고 또 가지고 다니지도 않는다. 궁극적으로 나는 결정적인 꼬리표를 불신한다. 극장의 상태를 고려한다면 나는 어느 누구만큼이나 과정, 취향, 운영상의 일반적인 구성에 있어서의 약점들을 의식하고 있다. 그리고 당분간은 현상 유지될 것으로 본다. 하지만 지난 3년간 한두 개 채널에서 다소 발전이 있어왔다. 『관리인』은 1957년 이전에는 상연될 수도 없었고 계속 공연될 수도 없었을 것이다. 희극, 비극, 소극 등의 낡은 카테고리는 무의미한 것이며 감독들이 그걸 깨달았다는 것이 하나의 희망적인 변화이다. 하지만 무대를 위해 글을 쓴다는 것은 시스템이 어떻든 간에 그 무엇보다도 가장 어려운 일이다. 생각하면 할수록 더욱 어렵다는 생각이 든다.

귀향

The Homecoming

....

『귀향』은 1965년 6월 3일 앨드위치 극장에서
로얄 셰익스피어 극단에 의해서 첫 공연되었다.

캐스트

맥스	———————	폴 로저스
레니	———————	이안 홈
샘	———————	존 노밍톤
조	———————	테렌스 릭비
테디	———————	마이클 브라이언트
루스	———————	비비안 머천트
연출	———————	피터 홀

등장인물

맥스 ——————— 칠십대 남자

레니 ——————— 삼십대 초반의 남자

샘 ——————— 육십삼 세의 남자

조 ——————— 이십대 중반의 남자

테디 ——————— 삼십대 중반의 남자

루스 ——————— 삼십대 초반의 여자

여름

런던 북부의 오래된 집.

무대 전체에 펼쳐져 있는 커다란 방.

문이 달려 있던 뒷벽은 제거되었다.

사각 아치 형태는 남아 있다. 그 뒤로, 홀이 있다. 홀에는 왼쪽 위로 올라가는 계단이 눈에 잘 보이게 놓여 있다. 현관문은 오른쪽 위로 있다. 코트 걸이와 고리 등등이 놓여 있다. 방 오른쪽으로 유리창이 있다. 짝이 맞지 않는 테이블과 의자들. 두 개의 커다란 안락의자.

왼쪽에는 커다란 소파. 오른쪽 벽에는 커다란 찬장이 있는데 위 절반에 거울이 달려 있다.

왼쪽 위로는 라디오 겸용 전축이 놓여 있다.

1

저녁.

레니가 연필을 손에 들고 소파에 앉아서 신문을 읽고 있다. 짙은 색깔 수트를 입고 뒤쪽 페이지에 간간이 마크를 하고 있다.

맥스가 부엌 쪽에서 들어온다. 찬장으로 가 맨 위 서랍을 열고 뒤지다가 닫는다. 오래된 카디건을 입고 모자를 썼으며 지팡이를 들고 있다. 무대 앞쪽으로 내려와, 멈춰 서서 방을 둘러본다.

맥스 가위 어쨌니?

사이.

가위를 찾는다고 말했잖아. 가위 어쨌느냐니까?

사이.

너 내 말 들었니? 신문에서 오릴 게 있다니까.

레니 신문 읽고 있어요.

맥스 그 신문 말고. 난 아직 그 신문은 읽지도 않았어. 지난 일요일 신문을 말하는 거야. 부엌에서 방금 보았거든.

사이.

내가 하는 말 듣고 있니? 너한테 말하고 있는 거야! 가위가 어디 있느냐고?

레니 (올려다보며, 조용히) 입 좀 닥쳐요, 나발대는 얼간이 같으니라고.

맥스, 막대기를 들고 그에게 겨눈다.

맥스 나한테 그렇게 말하지 마. 경고한다.

커다란 안락의자에 앉는다.

신문에 플라넬 셔츠에 대한 광고가 났다. 할인 가격이야. 해군의 재고품이라는군. 몇 개 있어도 좋지.

사이.

담배 좀 피워야겠다. 담배 좀 줘.

사이.

담배 달라고 했잖아.

사이.

내가 뭘 갖고 있는지 좀 봐.

주머니에서 구겨진 담배 한 개를 꺼낸다.

난 늙어가고 있어, 정말로.

담배에 불을 붙인다.

너는 내가 싸움패가 아니었다고 생각하지? 너 같은 건 몇이 덤벼도 손봐줄 수 있어.

나는 여전히 튼튼해. 내가 어땠는지 샘 삼촌에게 물어 봐. 하지만 동시에 난 언제나 친절한 마음을 가지고 있었지. 항상.

사이.

맥그레거라는 놈과 어울려 빈둥거리곤 했었지. 나는 그를 맥이라고 불렀어. 너 맥 기억하니? 응?

사이.

허! 우리 둘은 런던 웨스트엔드[1]에서 가장 미움 받던 놈들이야. 정말이야, 아직도 흉터가 남아 있다니까. 방에 들어가면 전체가 일어서서 우리가 지나가게 길을 내주지. 그런 침묵은 들어본 적이 없지. 잘 들어라. 그놈은 덩치가 컸어, 육 피트가 넘었다고. 그놈 가족은 맥그레거로 멀리 스코틀랜드, 애버딘[2]에서부터 내려왔어.

그런데 그놈만이 유일하게 맥이라고 불렀어.

사이.

그놈은 너희 엄마를 아주 좋아했지, 맥은 그랬어. 되게 좋아했지. 늘 칭찬하곤 했어.

---

1) 웨스트엔드(Westend): 런던 서구(西區), 부호의 저택이 많으며, 큰 상점, 공원 등이 있음.
2) 애버딘(Aberdeen): 스코틀랜드 그램피안(Grampian) 주의 주도.

사이.

잘 들어, 네 어미는 그렇게 나쁜 여자는 아니었어. 그 여자의 썩어
빠진 냄새 나는 낮짝을 보고 있는 게 괴롭기는 했쥐만 그렇게 나쁜
년은 아니었어. 어찌되었든 나는 그년에게 내 인생 최고의 시간을
바쳤지.

레니 제발 틀어막어, 이 바보 늙은이야, 나 신문 읽으려고 하잖아.

맥스 내 말 들어! 너 그런 식으로 말하면 허리뼈를 분질러 버린다. 알
아들어? 야비하고 더러운 제 아비한테 그렇게 말하면!

레니 당신은 말이야, 머리가 돌고 있어요.

사이.

세 시 삼십 분에 경마에서 세컨 윈드 어떨까?

맥스 어디서?

레니 샌다운 파크에서요.

맥스 승산 없어.

레니 물론 있지요.

맥스 승산 없어.

레니 그놈이 이겨요.

레니, 신문을 체크한다.

맥스 제깐 놈이 내게 말에 대해서 얘기하는 거야.

사이.

나는 한때 경마장에서 살곤 했지. 내 삶의 열정 중의 하나였으니까. 엡슴 경마장이라고.

내 손바닥마냥 잘 알고 있지. 나는 경마장 옆 목장에서 제일 잘 알려진 얼굴이었거든. 정말 멋진 야외생활이었어.

사이.

지가 나한테 말에 대해서 얘기를 해. 너는 신문에서 이름만 읽을 뿐이야. 나는 그놈들 갈기를 쓰다듬고, 붙잡아 큰 경기를 앞두고는 진정시켜 주곤 했단 말이야. 나만 불러대곤 했지. 그들은 말했지. 맥스, 여기 말이 있는데 매우 흥분 상태야, 우리 경마장에서 이놈을 달랠 수 있는 건 자네뿐이야. 맞는 말이지. 나는 . . . 동물에 대한 본능적인 이해가 있어. 나는 조련사가 되었어야 했어. 여러 번 나는 일자리 제안을 받았었지 — 알지, 제대로 된 직책이란 말이야, 무슨 공작으로부터야 . . . 이름을 잊어버렸네 . . . 공작 중의 하나한테서 였지. 하지만 나는 가족에 대한 의무가 있었어, 우리 가족이 가정에서 나를 필요로 했다고.

사이.

이 동물들이 큰 소리 내고 결승푯말이 지나가는 것을 볼 때. 대단한 경험이야. 잘 알아둬, 나는 잃지 않았어. 돈 몇 푼씩은 벌었다고, 왜 그런지 아니? 나는 언제나 좋은 말을 감지할 수 있었거든. 나는 냄새를 맡을 수 있었어. 수놈뿐 아니라 암놈도. 암놈은 수놈보다 더 흥분을 잘하기 때문에, 더 믿을 수 없지, 알고 있니? 몰라, 네가 무얼 아니? 아무 것도 없지. 하지만 나는 한 가지 특별한 트릭으로 좋은 암말을 항상 알아낼 수 있었지. 눈을 바라본다고. 알았어? 암말 앞에 서서 눈을 직접 바라본다고, 일종의 최면술이지. 그리고 눈 속 깊은 곳에서 그놈이 장거리 경주 말이냐 아니냐를 알아낼 수 있었지. 이건 재능이야. 내게는 재능이 있었다고.

사이.

그런데 제깐 놈이 나한테 말에 대해서 이야기를 하다니.

레니 아빠, 화제를 바꿔도 괜찮겠죠?

사이.

뭐 좀 물어보고 싶어요. 우리가 아까 저녁으로 먹은 음식, 이름이 뭐예요? 뭐라고 불러요?

사이.

왜 개를 사지 않죠? 아빠는 개 요리사예요. 정말로. 아빠는 여러 마리의 개를 위해서 요리한다고 생각하잖아요.

맥스 싫으면 나가.

레니 나갈 거예요. 제대로 된 저녁 사 먹으러 나갈 거예요.

맥스 그래, 나가! 뭘 기다리는 거야?

레니, 그를 쳐다본다.

레니 뭐라고 했어요?

맥스 여기서 나가버리라고 했어, 그렇게 말했어.

레니 아빠, 그런 말투로 말할 거면 아빠가 나보다 먼저 나가게 될 거예요.

맥스 내가, 이 개자식아?

맥스, 자신의 지팡이를 쥔다.

레니 오, 아빠, 아빠 지팡이를 저한테 쓰시지 않을 거죠? 네? 아빠, 지팡이를 저한테 쓰지 마세요. 안 돼요, 제발. 내 잘못이 아니에요, 다른 사람의 잘못이에요. 아버지, 제발, 나는 어떤 잘못도 안 했어요. 아버지, 그 막대기로 나를 때리지 말아요.

침묵.

맥스가 등을 구부리고 앉아 있다. 레니는 신문을 읽고 있다.

샘이 정문으로 들어온다. 샘은 운전 기사 유니폼을 입고 있다.

그는 모자를 홀에 있는 고리에 걸고 방으로 들어온다. 의자로 가서 앉아 한숨을 쉰다.

안녕, 샘 아저씨.

샘　안녕.

레니　어때요, 삼촌?

샘　괜찮아, 약간 피곤하지만.

레니　피곤해요? 피곤할 줄 알았죠. 어디 있었어요?

샘　런던 공항에.

레니　그 넌 런던 공항까지? 뭐, 바로 M4[3] 고속도로까지?

샘　그래, 거기까지 갔어.

레니　츠, 츠, 츠. 삼촌, 삼촌이 피곤한 건 당연하죠.

맥스　운전 기사란 게 그런 거지.

레니　알아요. 내 말이 그 말이에요. 나도 기사들에 대해서 말하고 있어
　　요.

샘　완전히 뻗게 만들지.

　　사이.

맥스　나도 여기 있다, 알지.

　　샘, 그를 바라본다.

　　나 여기 있다고 했어. 나 여기 앉아 있어.

샘　거기 있는 것 나도 알아.

　　사이.

---

3) M4: 런던 외각의 히스로(Heathrowe) 공항으로 가는 길 이름.

샘 오늘 양키 한 놈을 . . . 공항까지 데려다 줬어.

레니 오, 양키를, 그랬어요?

샘 응, 하루 종일 같이 있었어. 사보이에서 열두 시 반에 태우고 점심 식사를 하러 캐프리스로 데려갔어. 점심 후에 다시 차에 태워서 이튼 스퀘어에 있는 집으로 데리고 갔어 — 친구를 방문해야 했거든 — 그리고 티 타임 시간에 곧바로 공항으로 갔지.[4)]

레니 비행기를 타야 했었나 보죠, 그래요?

샘 그래. 그 사람이 나한테 뭘 줬는지 봐라. 시가 한 상자를 줬어.

　　샘은 주머니에서 담배 한 상자를 꺼낸다.

맥스 이리로 와. 어디 좀 보자.

　　샘이 맥스에게 시가를 보여준다. 맥스가 상자에서 시가를 꺼내들고 냄새를 맡는다.

　　괜찮은 시가인데.

샘 한번 피워볼래?

　　맥스와 샘, 시가에 불을 붙인다.

---

4) 사보이(the Savoy): 런던의 유명 호텔 이름.
　캐프리스(the Caprice): 런던의 호텔 이름.
　이튼 스퀘어(Eaton Square): 런던의 거리 이름.

그 사람이 나한테 뭐라고 했는지 알아? 자기가 겪어본 기사 중 내가 최고라는 거야. 최고래.

맥스 어떤 관점에서?

샘 응?

맥스 어떤 관점에서?

레니 응?

맥스 어떤 관점에서냐고?

레니 운전 솜씨에 대한 관점이죠, 아버지, 그리고 삼촌의 일반적 예절에 대한 것이고요. 그런 거죠.

맥스 너를 훌륭한 기사로 생각했구나, 그렇지 샘? 그래, 그 사람이 너한테 최고급 시가를 주었으니까.

샘 그렇지, 자기가 본 기사 중 내가 최고라고 생각했으니까. 다들 그렇게 말해, 그래. 다른 사람은 안 쓰려 하거든. 나만 원해. 회사에서 최고 기사라고 말들 해.

레니 다른 기사들이 질투하겠네요, 안 그래요, 삼촌?

샘 질투하지. 아주 질투해.

맥스 왜?

사이.

샘 내가 금방 말했잖아.

맥스 아니, 정확히 모르겠어, 샘. 왜 다른 기사들이 질투를 하니?

샘 왜냐면 첫째로 내가 최고의 기사고, 왜냐면 . . . 둘째로 내가 멋대로 굴지 않으니까.

사이.

나는 남한테 나를 밀어붙이지 않아, 알아. 큰 사업가들, 바쁘신 양반들은 기사가 늘 나발거리는 걸 원하지 않거든, 그들은 뒤에 앉아서 잠시 평화와 조용함을 갖기 원하지. 결국 그 사람들은 험버 수퍼 스나이프에 앉아 있고 쉴 자격이 있다는 거지.[5] 허나 동시에, 나를 정말 특별하게 만드는 것은 . . . 필요할 경우에 어떻게 인사를 나누어야 하는지를 알고 있다는 거야.

사이.

예를 들면, 오늘 나는 이 사람한테 내가 이차 세계대전에 참전했다고 말했지. 일차가 아니고. 일차 세계대전에 가기에는 너무 어렸다고 했어. 하지만 이차대전에는 참전했다고 말했어.

사이.

그 사람도 그랬더라고, 알고 보니.

레니는 일어서, 거울로 가 넥타이를 바로잡는다.

레니 그 사람은 아마도 미국 공군의 대령인가 무언가였을 거야.
샘 그래.

---

5) 험버 수퍼 스나이프(Hunber Super Snipe): 고급 차 이름.

레니 어쩌면 비행 요새의 항공사였을 거예요. 지금은 아마 항공 엔지
　　　니어의 세계적 그룹의 고위 간부일 거예요.

샘 그래.

레니 그래요, 삼촌이 말하는 이가 어떤 사람인지 알겠어요.

　　　레니, 나가서 오른쪽으로 간다.

샘 어쨌든 나는 경험이 많아. 나는 열아홉 살에 쓰레기차를 몰았거든.
　　　그리고 나서 장거리 트럭을 몰았어. 십 년은 택시 기사로, 오 년은
　　　개인 기사로 일했어.

맥스 네가 한 번도 결혼을 안 했다니 웃긴다, 안 그러냐? 너같이 재능
　　　이 많은 애가.

　　　사이.

　　　안 그래? 너 같은 애가?

샘 아직도 시간은 있어요.

맥스 그런가?

　　　사이.

샘 놀라게 될 거야.

맥스 너 뭐하면서 지냈어, 여자 손님들에게 추근거렸지, 안 그래?

샘 난 아니야.

맥스 스나이프 뒷좌석에서, 고속도로 갓길에서 슬쩍 몇 번 장난쳤지,

안 그래?

샘 난 아니야.

맥스 뒷좌석에서? 팔걸이는? 올려놓고 했니, 아님 내려놓았어?

샘 내 차에서 결코 그런 짓 한 적 없어.

맥스 그런 짓들을 초월했다 이거야, 그래, 샘?

샘 정말 그래.

맥스 뒷좌석에서 멋진 섹스를 하는 것을 초월했다 이거지, 그래?

샘 그래, 그런 것은 다른 사람들한테 넘겼어.

맥스 다른 사람들에게 넘겼다고? 다른 사람들 누구? 마비된 얼간아!

샘 나는 내 차를 더럽히지 않아! 그리고 내 . . . 내 상사의 차도 마찬가
지야! 다른 사람들처럼 말야.

맥스 다른 사람들? 어떤 다른 사람들?

사이.

어떤 다른 사람들?

사이.

샘 다른 사람들.

사이.

맥스 적당한 여자를 찾으면, 샘, 가족에게 알려, 잊지 말고, 우리는 너
에게 최고의 송별회를 해줄게, 약속한다. 그 여자를 이리로 데려와

도 돼, 그 여자는 우리 모두를 행복하게 할 거야. 우리는 번갈아 가면서 그 여자를 공원으로 데려가 산책시킬 거야.

샘 이리로 데려오진 않을 거야.

맥스 샘, 그건 네가 결정할 일이야. 네 신부를 네가 사는 이곳에 데려와도 되고, 또는 도체스터에 스위트룸을 얻어도 되지. 전적으로 네게 달려 있는 거야.

샘 내게는 색시가 없어.

샘이 일어서서 찬장으로 가서 그릇의 사과를 꺼내서 한 입 문다.

약간 배가 고파지네.

유리창 밖을 내다본다.

어쨌거나 형수만한 신부는 없었어. 형의 신부만한 여자는 . . . 요새 세상에 없지. 제씨만한.

사이.

어찌되었든, 내가 형수와 한두 번 나간 일이 있었지, 그렇지? 내 택시에 한두 번 태우고 다녔지. 매력적인 여자였지.

사이.

어찌되었든, 그 여자는 형 아내지. 하지만 그래도 . . . 그건 내가 경험한 가장 멋진 저녁에 속해. 그냥 형수와 드라이브만 했어. 그건 내게 즐거움이었다고.

맥스 (부드럽게, 눈을 감고) 하나님 맙소사.

샘 매점에 들러서 커피 한잔을 사주곤 했지. 같이 있으면 아주 기분 좋은 상대였어.

침묵.

조이가 현관문으로 들어온다. 방으로 들어와서 재킷을 벗어 의자에 던지고 선다.

침묵.

조이 약간 배가 고프다.

샘 나도 그래.

맥스 내가 누구라고 생각하니, 네 엄마냐? 응? 정말이지. 저놈들은 매일 밤낮없이 빌어먹을 짐승처럼 들어온다니까. 가서 에미 하나 얻어와 봐.

레나가 방으로 들어와서 선다.

조이 체육관에서 훈련했어요.

샘 그래, 저놈은 낮에는 종일 일하고 밤에는 훈련을 하지.

맥스 원하는 게 뭐야, 이 새끼야? 너는 하루 종일 런던 공항에 죽치고 앉아서 잼 롤이나 사 처먹고 있잖아. 여기서 종일 내가 기다리고 있을 줄 아니, 네가 집안에 들어서자마자 부엌으로 달려갈 태세로? 육십삼 년이나 살아온 놈이 너는 왜 요리를 못 배웠냐?

샘 나 요리할 줄 알아.

맥스 그래, 가서 요리해!

사이.

레니 아빠, 애들이 원하는 것은 아버지만의 독특한 요리예요. 애들이 기대하는 것은 그런 기예요. 아빠가 가지고 있는 음식에 대한 특별한 이해, 그런 거죠.

맥스 나를 아빠라고 부르지 마. 이제 모두 아빠 소리 좀 그만해. 알아들었니?

레니 하지만 난 당신 아들이에요. 매일 밤마다 이불을 덮어 재워주셨잖아요. 조이, 아빠가 너도 이불 덮어주셨지, 안 그래?

사이.

전엔 아들들 이불 덮어주는 걸 좋아하셨는데.

레니가 돌아서 현관으로 간다.

맥스 레니.

레니 (돌아보면서) 뭐요?

맥스 며칠 내로 네 이불을 잘 덮어 재워주마, 아들아. 내 말 명심해 둬.

두 사람, 서로 쳐다본다.

레니가 현관문을 열고 나간다.

침묵.

조이   나는 바비 도드랑 훈련을 했어요.

사이.

샌드백도 실컷 두드렸어요.

사이.

나 몸 상태 나쁘지 않아요.
맥스   권투란 신사의 경기지.

사이.

네가 뭘 해야 하는지 말해주지. 네가 할 일은 자신을 방어하는 법과 공격하는 법을 배워야 하는 거야. 그게 권투선수로서 너의 유일한 문제야. 너는 자신을 방어할 줄 몰라, 그리고 공격할 줄 몰라.

사이.

일단 이런 기술들을 습득만 하면 너는 바로 최고가 될 거다.

사이.

조이 그걸 어떻게 하는지 나도 . . . 잘 알고 있어요.

조이는 자기 재킷을 찾으려 주위를 살피고, 재킷을 들고 방을 나가 계
단을 오른다.
사이.

맥스 샘 . . . 왜 너도 나가지 그래, 응? 왜 이층으로 안 가? 나 좀 조용히
내버려둬. 날 내버려두라고.

샘 맥스, 제씨에 대해서 뭔가 분명하게 해 두고 싶어. 그러고 싶어. 그
래. 내가 형수를 택시에 태워 시내에 나갔을 때 나는 형 대신 형수
를 돌보아준 거야. 나는 형이 바쁠 때 형을 위해 형수를 돌보아준거
라고, 그렇지 않아? 형수에게 웨스트엔드를 구경시켜 주었어.

사이.

형은 우리 형제 중 누구도 믿지 않아. 맥도 안 믿지, 그렇지? 하지만
형이 나는 믿었어. 그걸 상기시켜 주고 싶어.

사이.

맥은 몇 년 전에 죽었어, 그렇지? 그 사람 죽지 않았어?

사이.

그 영감은 형편없는, 냄새나고 썩어빠진 수다쟁이였어. 거칠고 괘

씸한 땅꼬마 상놈이죠. 형의 친한 친구였다는 걸 잊지 말아요.

사이.

맥스 음, 샘 . . .

샘 뭐요?

맥스 내가 너를 왜 여기 살게 놔두지? 너는 그냥 늙은 땅벌레일 뿐이야.

샘 내가?

맥스 너는 구더기야.

샘 아 그래?

맥스 네가 생활비를 못 내게 되면 바로, 내 말은 네가 너무 늙어서 앞가림을 못하게 되면, 내가 어떻게 할 줄 아니? 발로 차버릴 거야.

샘 형이, 응?

맥스 물론이야. 돈을 가지고 오면 참아 줄 거야. 하지만 회사에서 잘리면 ― 너는 꺼져버려.

샘 여긴 내 집이기도 해. 알고 있으면서. 여긴 우리 엄마 집이야.

맥스 설상가상. 쓰레기 더미 뒤에 또 다른 쓰레기로구먼.

샘 우리 아버지의 집이야.

맥스 내가 이런 꼴이 되다니. 딱딱한 똥 뭉치가 하나 또 하나. 냄새나는 고름이 흐르고 또 흐르고.

사이.

우리 아버지라고? 난 아버지를 기억해. 걱정하지 마. 너는 스스로를 놀리고 있는 거야. 아버지는 내게 다가와 나를 내려다보곤 했어. 우리 아버지가 그랬다고. 아버지는 내 위로 허리를 굽히고 나를 안아 올려주셨어. 나는 요만했었지. 그리고 얼러주곤 했지. 내게 우유병을 주고 깨끗하게 닦아주고. 미소를 지어주셨지. 엉덩이를 두드려주셨어. 나를 이 손에서 저 손으로 옮기면서 말이야. 나를 공중에 던져 올리고. 내려오는 나를 받아주시고. 난 우리 아버지를 기억해.

암전.
조명이 켜진다.
밤.
테디와 루스가 방문 입구에 서 있다.
둘 다 가벼운 여름 정장과 가벼운 레인코트로 성장하고 있다.
두 개의 옷 가방이 옆에 놓여 있다.
둘은 방을 둘러본다. 테디는 손으로 열쇠를 가볍게 던지며 미소를 짓는다.

테디 음, 이 열쇠로 되는데.

사이.

자물쇠를 바꾸지 않았어.

사이.

루스 아무도 없네.

테디 (올려다보면서) 자고 있군.

사이.

루스 앉아도 되지?

테디 물론.

루스 피곤해.

사이.

테디 그럼 앉아.

여자, 움직이지 않는다.

그건 우리 아버지 의자야.

루스 이게?

테디 (미소를 지으면서) 그래, 그거야. 올라가서 내 방이 아직 그대로인
지 볼까?

루스 어디로 도망갈 수는 없잖아.

테디 아니, 내 말은 내 침대가 아직도 거기 있는지 보자고.

루스 누가 자고 있을지도 모르지.

테디 아니, 각자 자기 침대를 가지고 있어.

사이.

루스 누군가를 깨워야 하는 것 아닌가? 사람들에게 당신이 여기 있다
　　고 말해야지.

테디 한밤중인데 그건 안 되지. 너무 늦었어.

　　사이.

　　올라갈까?

　　남자, 홀로 가서 계단을 올려다보고 돌아온다.

　　당신 앉지 그래?

　　사이.

　　나 그냥 올라가서 . . . 한번 보고 올게.

　　남자, 살그머니 계단을 올라간다.
　　루스는 서 있다가 서서히 방을 가로질러 걷는다.
　　테디, 돌아온다.

　　아직도 거기 있네. 내 방 말이야. 비어 있어. 침대도 거기 있어. 당
　　신, 뭐하는 거야?

　　여자, 남자를 쳐다본다.

담요는 있는데 시트는 없어. 시트를 좀 찾아볼게. 코고는 소리가 들려. 정말이야. 아직도 모두 여기 있네. 정말이야. 다들 여기 있나봐. 모두 저기서 코를 골고 있어. 닝신 추워?

루스 아니.

테디 마실 것 좀 만들게, 당신이 원하면. 뜨거운 것으로.

루스 아니, 아무 것도 필요 없어.

테디, 걸어다닌다.

테디 당신 이 방 어떻게 생각해? 크지, 그렇지? 큰 집이야. 내 말은 좋은 방이야, 그렇게 생각하지 않아? 실은 벽이 있었어, 저기 건너에 . . . 방문이 달린 벽이. 우리가 . . . 몇 년 전에 부숴 버렸지 . . . 열린 거실 공간을 만들기 위해서 말야. 구조는 그대로야. 우리 엄마는 돌아가셨어.

루스, 앉는다.

피곤해?

루스 조금.

테디 당신이 원하면 잡시다. 지금 누구를 깨우는 것은 의미가 없지. 그냥 자도록 하지. 모두 아침에 만나도록 해 . . . 아버지는 아침에 만나자고 . . .

사이.

루스 여기 머물고 싶어요?

테디 머문다고?

사이.

우리는 여기 머물러 온 거야. 우리는 머물러야 해 . . . 며칠 동안은
말이야.

루스 애들이 . . . 우리를 보고 싶어할지도 모르잖아요.

테디 바보같이 굴지 마.

루스 그럴지도 몰라.

테디 이거 봐, 우린 며칠 있으면 돌아갈 거야, 안 그래?

남자, 방 안을 걸어다닌다.

아무 것도 변한 것은 없어. 여전하군.

사이.

어쨌건, 아버지가 아침에 놀라시겠지, 안 그래? 노인네 말이야. 내
생각에 당신은 아버지를 매우 좋아하게 될 거야. 정말로. 아버지는
. . . 음 . . . 늙으셨어, 물론. 늙어가고 있지.

사이.

나는 여기서 태어났어, 당신 알고 있지?

루스 알고 있어.

사이.

테디 우리 가서 자자. 시트를 찾아볼게. 나는 완전히 잠이 달아났네,
이상하지? 나는 좀더 깨 있을게. 당신 피곤해?

루스 아니.

테디 가서 자요. 내가 방으로 안내해 줄게.

루스 아니, 그러고 싶지 않아.

테디 나 없이 당신 혼자서 이층에 있어도 정말 괜찮아. 정말 괜찮을 거
야. 내 말은 내가 곧 갈 거니까. 봐, 바로 저 위야. 층계참에서 첫 번
째 문이야. 화장실은 바로 옆문이고. 당신 . . . 좀 쉬어야 해.

사이.

난 조금 . . . 더 걷고 싶어. 괜찮겠지?

루스 물론 괜찮아.

테디 그럼 . . . 방을 보여줄까?

루스 난 지금 편안해.

테디 꼭 가서 잘 필요 없어. 그래야 한다고 말하는 것은 아냐. 내 말은
당신, 나랑 같이 깨 있어도 돼. 차나 뭐 마실 걸 좀 만들까. 한 가지
걸리는 건 너무 소음을 내고 싶지는 않다는 거야. 아무도 깨우고 싶
지 않다는 거지.

남자, 여자에게로 간다.

(부드럽게) 봐, 다 좋아, 정말이야. 나 여기 있어. 내 말은 . . . 나 여기 당신이랑 같이 있다고. 예민해질 필요 없어. 당신 예민한 상태야?

루스 아니.

테디 그럴 필요 없어.

사이.

따뜻한 사람들이야, 정말로. 정말 따뜻해. 내 가족이라고. 귀신들이 아니라고.

사이.

음, 우리 가서 자야 할 것 같은데. 어찌되었든 일찍 일어나야 하거든, 아버지를 만나기 위해서. 우리가 자고 있는 걸 아버지가 보시는 건 좋지 않다고 생각해. (낄낄 웃는다.)
여섯 시 전에 일어나 내려와서 인사를 해야지.

사이.

루스 바람을 좀 쏘여야겠어.

테디 바람이라고?

사이.

무슨 말이야?

루스 (*일어서서*) 그저 산책 좀 하려고.

테디 이 한밤중에? 우리는 방금 도착했잖아. 잠자리에 들어야 한다고.

루스 바람을 좀 쏘이고 싶어요.

테디 나는 잘 건데.

루스 괜찮아.

테디 나는 어떡하라고?

사이.

신선한 공기 따위는 정말 원하지 않아. 당신은 왜 바람을 쏘이겠다
는 거야?

루스 그냥 원해.

테디 너무 늦었어.

루스 멀리 가지는 않을 거야. 돌아올게.

사이.

테디 자지 않고 당신 기다릴게.

루스 왜?

테디 당신 없이 자기는 싫어.

루스 열쇠 좀 줘.

남자, 열쇠를 준다.

당신은 가서 자요.

남자, 여자 어깨에 손을 놓고 입을 맞춘다.
잠깐, 서로를 바라본다. 여자, 미소 짓는다.

오래 있진 않을게.

여자, 현관문으로 나간다.
테디, 창문으로 가서 여자를 내다본다. 창문에서 반쯤 돌아서서, 갑자
기 손가락 마디들을 씹는다.
레니는 왼쪽 위에서 방으로 들어온다. 서 있다. 잠옷과 가운을 입고
있다. 레니, 테디를 바라본다. 테디, 돌아서 레니를 본다.
침묵.

테디 안녕, 레니.
루스 안녕, 테디.

사이.

테디 네가 계단 내려오는 소리는 못 들었는데.
루스 안 내려왔어.

사이.

나 이제 아래층에서 자. 바로 옆방에서. 옆방에 일종의 서재, 작업
실 겸 침실을 갖고 있어.

테디 응. 내가 너를 . . . 깨웠니?

레니 아니. 오늘 일찍 잠자리에 들었거든. 어떤지 알지. 잠을 못 잤어.
자꾸 잠이 깨는군.

사이.

테디 너는 어때?

레니 그냥 잠을 잘 못 잘 뿐이야. 그게 다야. 어쨌건 오늘밤에는.

테디 나쁜 꿈 꾸었니?

레니 아니, 꿈을 꾸었다고는 말 못해. 정확히 말하면 꿈도 아니지. 계
속 내 잠을 깨우는 뭔가가 있어. 일종의 똑딱거림이야.

테디 똑딱거림?

레니 응.

테디 응, 그게 뭔데?

레니 모르겠어.

사이.

테디 네 방에 시계 있니?

레니 있어.

테디 그럼, 아마 시계인가 보다.

레니 그래, 그럴 수 있어, 그럴 거야.

사이.

글쎄, 그게 시계라면 뭔 조치를 취해야겠네. 어떤 식으로든지 소리
가 들리지 않게 해야지.

사이.

테디 나는 그냥 며칠 머물려고 . . . 왔어.
레니 응, 그래? 그랬어?

사이.

테디 노인네는 어떠셔?
레니 아주 건강하셔.

사이.

테디 나는 잘 지냈어.
루스 응, 그랬어?

사이.

여기서 잘 거야, 그럼?
테디 그래.
레니 형이 쓰던 방에서 자도 돼.

테디 응, 올라가 봤어.

레니 응, 거기서 자도 돼.

레니, 하품한다.

아 음.

테디 자러 갈 거야.

레니 그럴래?

테디 응, 좀 자야겠어.

레니 응, 나도 잘 거야.

테디, 가방을 든다.

도와줄게.

테디 아냐, 무겁지 않아.

테디, 가방들을 들고 홀로 나간다.

레니, 방의 불을 끈다.

홀의 불은 켜 있다.

레니, 홀로 따라 들어간다.

레니 뭐 필요한 것 없어?

테디 으음?

레니 밤에 필요한 것 없어? 물이라든지, 뭐 그런 것?

테디 시트 어디 없니?

레니 형 방 장롱에.

테디 아, 좋았어.

레니 내 친구들도 이 지방을 지나갈 때면 종종 형의 방에 머물곤 했어.

레니는 홀의 불을 끄고 층계참에 있는 첫 번째 불을 끈다.

테디는 계단을 오르기 시작한다.

테디 아침 먹을 때 보자.

레니 그럽시다. 안녕.

테디, 이층으로 올라간다.

레니, 왼쪽으로 나간다.

침묵.

층계참의 불이 꺼진다. 홀과 방에는 작은 불이 켜 있다.

레니, 방으로 들어와 창으로 가서 밖을 내다본다.

레니, 창에서 물러나와 램프를 켠다.

그는 작은 시계를 들고 있다.

앉았다가, 앞에다 시계를 놓고, 담배에 불을 붙이고, 앉는다.

루스가 현관문으로 들어온다.

여자, 가만히 서 있는다. 레니, 고개를 돌리고 미소를 짓는다. 여자, 천천히 방으로 걸어 들어온다.

레니 좋은 저녁이죠.

루스 좋은 아침이겠죠.

레니 당신이 맞아요.

사이.

내 이름은 레니에요. 당신 이름은 뭐죠?

루스 루스에요.

여자, 앉아서 **코트**의 칼라를 세워 몸을 감싼다.

레니 추워요?

루스 아니요.

레니 이번 여름은 아주 멋졌어요. 안 그래요? 대단했죠.

사이.

뭐 좀 드실래요? 뭐 간식거리라도? 식전 술이라도 하실래요?

루스 아니, 괜찮아요.

레니 그렇게 말해서 다행이에요. 집안에 음료수라곤 없어요. 파티나 뭐 그런 걸 하게 되면 금세 사오죠. 뭐 축하 . . . 같은 것을 한다면 말이죠.

사이.

당신은 분명 우리 형과 관련이 있죠. 외국에 사는 형 말이에요.

루스 그 사람 아내예요.

레니 자 들어봐요. 혹시 충고해 줄 수 있을지 모르겠군요. 이 시계가 나를 귀찮게 해요. 이 똑딱 소리가 나를 계속 깨운단 말이에요. 이 시계 때문에 약간의 문제가 있어 왔어요. 똑딱 소리가 나를 깨우거든요. 문제는 그게 시계 때문이라는 확신은 없다는 거죠. 밤에 똑딱거리는 것들은 많이 있잖아요, 그런 것 못 보셨어요? 낮에는 그저 평범하다고 할 수밖에 없는 여러 종류의 물건들 말이에요. 아무 문제도 일으키지 않죠. 그런데 어느 날 밤 그중에 하나가 약간의 똑딱 소리를 낼 수도 있죠. 낮에 그것들을 보면 그저 평범하게 보이지만 말이에요. 낮 시간의 생쥐마냥 조용하죠. 그래서 . . . 모든 것이 다 동등하다 보니 . . . 나를 깨우는 게 시계라는 나의 주장은 잘못된 가설이란 게 쉽게 증명될 수도 있겠죠.

남자, 찬장으로 가서 물병의 물을 잔에다 부은 후 루스에게 건넨다.

여기 있어요. 이건 마실 수 있겠죠.

루스 그게 뭐예요?

레니 물이요.

여자, 받아서 조금 마시고 잔을 의자 옆에 있는 작은 상 위에 놓는다. 레니가 그녀를 바라본다.

웃기지 않아요? 나는 잠옷을 입고 있는데 당신은 정장을 하고 있으니?

남자, 찬장으로 가서 물 한 잔을 더 따른다.

내가 한 잔 마셔도 되겠죠? 그래요, 이렇게 몇 년이 지난 후 큰형을 다시 만나다니 재미있네요. 이건 아버지에게 필요한 강장제 같은 거예요. 아침에 장남을 보게 되면 무지하게 기뻐하실 거예요. 나도 테디를 보았을 때 놀랐어요. 큰형 테디. 미국에 있는 줄 알았어요.

루스 우리는 유럽을 여행하고 있는 거예요.

레니 뭐, 두 분이서요?

루스 그래요.

레니 형이랑 거기서 동거하고 있죠, 그렇죠?

루스 우리는 결혼한 사이예요.

레니 유럽 여행이라, 네? 구경 많이 했나요?

루스 막 이태리에서 오는 길이에요.

레니 이태리에 먼저 갔군요, 그랬어요? 그리고 나서 가족을 만나게 하려고 형이 당신을 여기 데려왔군요, 그렇죠? 아버지기 만나시면 반가워하겠네요, 정말이에요.

루스 좋아요.

레니 뭐라고 했죠?

루스 좋다고요.

사이.

레니 이태리에서 어디 갔나요?

루스 베니스요.

레니 사랑스런 옛 베니스 말이에요? 네? 우습군요. 지난 세계대전 때 내가 군인이었다면 — 이태리 전선에서였다고 치죠 — 아마도 나는 베니스에 있었을 거라는 느낌을 항상 가지고 있어요. 항상 그런 느낌을 가지고 있었어요. 문제는 내가 복무하기에는 너무 어렸다는 거지요. 그저 아이에 불과했어요. 너무 작았다고요. 그렇지 않았더라면 나는 아마도 베니스를 지나갔을 거라는 예리한 상상을 가지고 있어요. 그래요, 나는 내 대대와 함께 거기를 지나갔을 것이 거의 확실해요. 당신 손 좀 잡고 있어도 되나요?

루스 왜요?

레니 그저 만지기만 해요.

남자, 여자에게 다가간다.

그저 살짝만요.

루스 왜요?

남자, 여자를 내려다본다.

레니 그 이유를 말해주죠.

가벼운 사이.

얼마 전 어느 날 밤에, 부두 옆에서 혼자 아치 밑에 서서 남자들이 항구에서 활대를 돌리고, 활대 끝을 만지작거리는 것을 보고 있을 때, 한 숙녀가 내게 와서 제안을 하더군요. 이 숙녀는 나를 며칠간 찾고 있었던 거예요. 내가 어디에 있는지를 놓쳐버렸던 거죠. 그렇지만 그녀는 결국 나를 찾아냈고 나를 찾아냈을 때 이런 제안을 했었지요. 이 제안은 완전히 잘못된 것은 아니었고 보통 같으면 그냥 들어주었을 거예요. 즉 보통 상황이라면 나는 들어주었을 것이라는 거지요. 한 가지 문제는 그녀가 매독으로 엉망진창이었다 이거예요. 그래서 거절했어요. 이 여사는 계속 고집을 부렸고 아치 밑에서 내게 수작을 부리기 시작하는 거예요. 어떤 기준으로도 내가 용납할 수 없는 그런 자유로운 행동이죠. 그러기에 나는 그녀를 한 대 때렸어요. 그녀를 없애버려야겠다는 생각이 들었어요. 그녀를 죽여버리겠다는 생각 말이에요. 사실은 죽여버린다는 것 자체야 단순한 일이죠. 아무 것도 아니에요. 그 여자를 도와 나를 찾아낸 운전사는 술 한잔하기 위해 모퉁이를 돌아가 버리고 나와 이 숙녀만이 남게 되었죠. 우리는 아치 밑에 서서 증기선이 지나가는 것을 보았죠. 아무도 주변에 없었어요. 서부 전선은 조용했죠. 거기서 여자는 벽에 기대 서 있었고 — 글쎄, 내가 그녀를 한 방 먹이자 이 여자는 벽을 따라 미끄러지는 거예요. 간추리자면 모든 것이 살인에 좋은 상황이었다는 거죠. 운전사에 대해서는 걱정하지 말아요. 운전사는 아무 말도 하지 않을 거예요. 그는 우리 가족의 오랜 친구였거든요. 하지만 . . . 결국에 나는 생각했죠. 왜 그렇게 귀찮은 일을 해 . . . 시체를 치운다든지 하는 그런 긴장 상태 말이죠. 그래서 나는 그녀의 코를 한 방 먹이고 구둣발로 몇 번 차고 그냥 그대로 내버려 뒀죠.

루스 그녀가 병이 있는지 어떻게 알았어요?

레니 어떻게 알았느냐고요?

사이.

그냥 그렇다고 내가 결정한 거죠.

침묵.

당신과 우리 형은 신혼이죠, 그렇죠?

루스 결혼한 지 육 년 되었어요.

레니 큰형 테디는 내가 가장 좋아하는 형이에요. 알아요? 나는 형을 자랑스럽게 생각해요. 박사에나 또 . . . 그런 모든 깃이 멋진 인상을 남긴 거죠. 물론, 그는 매우 감수성이 예민한 사람이죠. 테디는 매우 그렇죠. 나는 종종 내가 형처럼 예민하길 바래왔어요.

루스 그랬어요?

레니 응, 그래요. 정말 그래요. 내 말은 내가 예민하지 않다는 게 아니에요. 나는 예민해요. 약간 더 그랬으면 좋겠다는 거죠. 그게 다예요.

루스 그럴 수 있겠어요?

레니 네, 약간만 더요. 그게 다죠.

사이.

내 말은 나는 환경에는 매우 예민해요. 하지만 자칫 덜 민감해지는 경향이 있어요. 사람들이 비합리적인 요구를 해올 때면 말이죠. 예를 들어서, 지난 성탄에 나는 자치구 의회를 위해 눈 치우기를 조금 해주려고 결심했죠. 왜냐하면 그해 유럽에는 큰 눈이 왔거든요. 나는 눈 치우는 일을 할 필요가 없었어요. 나는 금전적으로 쪼들리지도 않았었어요. 그냥 내 마음을 움직인 거예요. 내 안에 있는 뭔가에 호소한 거죠. 내가 기쁜 마음으로 기대한 것은 이른 아침의 팔팔

한 겨울 공기의 맛이었죠. 그리고 내가 맞았어요. 나는 눈장화를 신고 나를 지정된 장소로 데려다 줄 트럭을 기다리기 위해 새벽 다섯 시 삼십 분에 길 모퉁이에 서 있었죠. 빌어먹게 춥더군요. 그래, 화물차는 왔고 나는 트럭 뒤칸에 올라타고, 헤드라이트를 켜고, 라이트를 약간 아래로 내리고 우리는 떠났지요. 거기 도착해서 삽을 들고, 담배 불을 붙이고, 우리는 첫 닭이 울기 전 깊은 십이 월의 눈 속으로 들어갔지요. 글쎄, 그날 아침 이웃 카페에서 오전 차를 마시고 있는데, 삽은 내 의자 옆에 세워놓고 말이야, 어떤 할머니가 내게 와서 자기의 철제 압축기를 옮기는데 도와줄 수 있겠느냐는 거예요. 형부가 자기에게 준 것인데 엉뚱한 방에다 놓고 갔다는 거죠. 앞방에다가 놓고 갔대요. 할머니는 물론 뒷방에다 놓고 싶었던 거죠. 형부가 준 선물이죠. 빨래 주름을 펴는 압착 롤러요. 하지만 형부는 엉뚱한 방에다 둔 거죠. 앞방에다가 놔두었대요. 그곳은 말도 안 되는 곳이죠. 거기 그냥 둘 수는 없죠. 나는 시간을 내서 할머니를 돕기로 했죠. 길 바로 위에 살더군요. 문제는 내가 거기 도착했을 때 그 기계를 움직일 수 없었다는 거죠. 반 톤 정도 무게가 나가는 것 같았어요. 이 형부라는 자가 어떻게 거기다 가져다 놓았는지 난 상상이 안 가요. 그래서 나는 거기서 찢어질 각오를 하고 어깨로 압축기를 들고 있는데 이 노파는 거기 서서 내게 손짓을 하며 도우려고 손 하나 까딱하지 않는 거예요. 그래서 몇 분 후에 나는 그녀에게 말했죠. 이거 봐요. 이 쇠로 된 압축기를 할머니 똥구멍에다나 쑤셔 넣지 그래요? 나는 말했죠, 어찌 되었든, 이건 구식이에요. 회전 건조기를 사세요. 나는 그 자리에서 당장 할머니를 혼내주려고 했는데, 눈 치우는 걸로 신바람이 나서 할머니의 배에 짧은 잽을 한 대 날리고 바깥에 있는 버스에 올라탔어요. 실례합니다. 이 재떨이를 방해되지 않게 치울까요?

루스 방해되지 않아요.

레니 당신 컵에 방해가 되는 것 같아요. 컵이 떨어질 것 같아요. 아니면 재떨이든지. 나는 카펫이 걱정이에요. 내가 문제가 아니라 아버지요. 아버지는 질서와 청결에 사로잡혀 계세요. 지저분한 것을 싫어하시죠. 지금 담배를 피우지 않는 것 같으니 재떨이를 치워도 괜찮겠죠.

재떨이를 치운다.

그리고 혹시 이 잔을 치워도 괜찮겠지요.

루스 아직 다 마시지 않았어요.

레니 내 생각에는 충분히 마신 것 같아요.

루스 아니, 아직이에요.

레니 내 생각에는 충분해요.

루스 내 생각에는 아니에요, 레오나르드.

사이.

레니 나를 그렇게 부르지 말아요, 제발.

루스 왜 안 되죠?

레니 그 이름은 엄마가 붙여준 거예요.

사이.

그 잔이나 나한테 줘요.

루스 안 돼요.

사이.

레니 그럼, 내가 가져가죠.

루스 당신이 잔을 잡으면 . . . 나는 당신을 잡아버릴 거야.

사이.

레니 당신이 나를 잡지 못하게 하고 내가 그 잔을 가져가면 어떨까요?

루스 내가 그냥 당신을 잡아버리면 어떨까요?

사이.

레니 농담하시는군.

사이.

어찌되었든 당신은 나 아닌 다른 남자를 사랑하고 있어. 당신은 나 아닌 다른 남자와 은밀한 관계를 맺고 있어. 그의 가족조차도 몰랐지. 당신은 경고 한 마디 없이 여기 와서 문제를 일으키기 시작했어.

여자, 잔을 들어서 남자를 향해 쳐든다.

루스 한 모금 해요. 내 잔에서 한 모금 해요.

남자, 가만히 있는다.

내 무릎에 앉아요. 시원한 걸 한 모금 길게 마셔요.

여자, 자신의 무릎을 두드린다. 사이.
여자, 서서 물잔을 들고 남자에게 다가간다.

머리를 뒤로 젖히고 입을 벌려요.
레니 그 잔을 내게서 치워요.
루스 바닥에 누워요. 자. 당신 목에다 부어줄게요.
레니 뭐하는 거요, 프로포즈라도 하는 거요?

여자, 짧게 웃으면서 잔을 비운다.

루스 아, 나 목이 말랐어.

여자, 남자를 보고 웃으면서 잔을 내려놓고, 홀로 들어가서 계단을 올라간다.
남자, 홀로 쫓아가서 계단에 대고 외친다.

레니 그게 뭐하는 거였소? 일종의 프로포즈요?

침묵.

레니는 방으로 들어와서 자기 잔을 들고 다 마신다.

이층에서 문을 쾅 닫는 소리가 난다.

충계참의 불이 켜진다.

맥스는 파자마 차림에 모자를 쓰고 계단을 내려온다. 방으로 들어온다.

맥스 무슨 일이야? 너 술 취했냐?

맥스, 레니를 빤히 쳐다본다.

뭐라고 소리지르고 있는 거야? 너 미쳤냐?

레니, 물을 또 한 잔 따른다.

한밤중에 미친 듯이 소리를 지르며 서성거리면서. 뭐야, 너 헛소리
하는 미친놈이야?

레니 그냥 생각을 소리내서 했을 뿐이에요.

맥스 조이가 여기 내려왔었니? 조이한테 소리친 거니?

레니 아빠, 내가 하는 말 못 들었어요? 그냥 생각을 소리내서 했을 뿐
이라고요.

맥스 네 생각하는 소리가 하도 커서 내가 잠이 깬 거야.

레니 자, 그냥 . . . 꺼져버리는 게 어때요?

맥스 꺼지라고? 한밤중에 나를 깨워놓고, 나는 도둑이라도 들어 네놈
모가지에 칼이라도 꽂힌 줄 알고 내려왔더니 나보고 꺼지라고 해.

레니, 앉는다.

저놈은 누군가와 얘기하고 있었어. 누구와 얘기한 거야? 다들 자는
데. 누군가와 대화를 하고 있었다고. 그게 누군지 말해주진 않겠지.
생각을 소리내서 한 척 하고 있지만. 너 뭐하는 거냐, 누구 숨겨놓
았니?

레니 나는 몽유병이에요. 잊어버리고 그냥 내버려둬요, 제발요.

맥스 설명을 해봐, 알겠니? 여기에 누굴 숨기고 있는지 말해봐.

사이.

레니 아버지, 얘기할게요. 아버지가 . . . 대화를 좀 하고 싶은 기분인
것 같으니까요. 아버지한테 질문 하나 할게요. 제가 얼마 동안 물어
보려고 했던 질문인데요. 저를 . . . 아시죠 . . . 저를 잉태한 날 . . .
엄마랑 함께 했던 그날 밤, 어땠어요? 응? 내가 아버지 눈에 보일까
말까 하던 존재였던 그때. 그날 밤 어땠어요? 그날의 배경은 뭐예
요? 내 말은 나의 배경에 대한 진짜 사실을 알고 싶다는 거죠. 예를
들어서, 아버지 마음속에는 내가 계속 있었어요? 아니면 나를 전혀
생각하지도 않고 있었어요?

사이.

전 단지 알고 싶다는 마음에서 묻고 있는 거예요, 이해하시죠, 그렇
죠? 궁금해요. 내 나이 또래 중 많은 사람들이 그런 호기심을 갖고
있어요. 아시겠어요, 아버지? 사람들은 종종 때로는 혼자, 때로는

떼를 지어, 그 특별한 밤에 대한 진짜 사실에 대해 곰곰이 생각하게 되죠. 그 일을 하고 있는 두 사람의 형상을 닮아 자신들이 만들어지던 날 밤 말이죠. 내가 이미 오래 전에 물었어야 하는 질문이라는 생각이 들어요. 하지만 오늘밤 우리가 우연히도 같이 시간을 보내게 되었으니 아버지에게 물어봐야겠다고 생각했어요.

사이.

맥스 제 피에 빠져 뒈질 놈.

레니 아버지가 대답을 글로 써서 해주시고 싶다면 반대할 생각은 없어요.

맥스, 일어선다.

사랑하는 엄마한테 물어봤어야 했군요. 내가 왜 우리 엄마한테 물어보지 않았지? 이제 너무 늦었지요. 엄마는 다른 세계로 가셨으니까.

맥스, 레니에게 침을 뱉는다.
레니, 카펫을 쳐다본다.

아버지가 한 짓을 보세요. 내일 아침에 진공 청소기로 밀어야겠네요.

맥스, 돌아서 계단을 올라간다.

레니, 가만히 앉아 있는다.

암전.

조명이 들어온다.

아침이다.

조이, 거울 앞에 있다. 그는 천천히 몸풀기 운동을 하고 있다. 멈추고, 조심스럽게 머리를 빗는다. 그리고 그는 거울 속의 자기를 보면서 느릿느릿하게 섀도 복싱[6]을 하고 있다. 맥스가 왼쪽 뒤편에서 들어온다. 맥스와 조이, 둘 다 옷을 차려입고 있다. 맥스는 침묵 속에서 조이를 바라보고 있다. 조이는 섀도 복싱을 멈추고 신문을 집고 앉는다.

침묵.

맥스 나는 이 방이 싫어.

사이.

내가 좋아하는 것은 부엌이야. 거기는 맘에 들어. 아늑하거든.

사이.

헌데 거기 머물러 있지는 못하겠어. 왜 그런지 알아? 저놈이 항상 쓸고 닦고, 접시 닦고 나를 부엌에서 몰아내니까, 그래서야.

조이 왜 차를 들고 이리 오시지 그래요?

---

6) 섀도 복싱: 상대를 염두에 두고 혼자서 하는 권투 연습.

맥스　차를 가지고 이리로 오고 싶지 않아. 여기는 싫어. 나는 저기서 차를 마시고 싶어.

그는 홀로 들어가서 부엌 쪽을 바라본다.

저놈은 저기서 뭐하는 거야?

맥스, 돌아온다.

몇 시야?

조이　여섯 시 반이요.

맥스　여섯 시 반이라.

사이.

오후에 난 풋볼 경기를 볼 거야. 너도 올래?

사이.

너한테 말하는 거다.

조이　오늘 오후에는 훈련해요. 블랙키랑 여섯 라운드 뛰어야 해요.

맥스　그건 다섯 시부터잖아. 다섯 시 전에 풋볼 경기를 볼 시간이 있다고. 이게 이번 시즌 첫 경기거든.

레니　아니, 나는 안 가요.

맥스　왜 안 가?

사이.

맥스가 홀로 들어간다.

샘! 이리로 와봐!

맥스가 방으로 들어온다.
샘은 행주를 가지고 들어온다.

샘 뭐야?

맥스 거기서 뭐하는 거야?

샘 설거지하는 거야.

맥스 또 다른 일은?

샘 형이 남긴 것들을 치우는 거야.

맥스 그것들을 쓰레기통에 넣으려고?

샘 맞아.

맥스 무얼 증명하려는 거야?

샘 그런 것 없어.

맥스 응, 있어. 너는 내 아침을 만드는 게 불만이지, 그거지, 그렇지?
그래서 너는 그렇게 부엌을 쾅쾅거리며 다니고 프라이팬을 긁어대
고, 찌꺼기들을 쓰레기통에 다 쓸어 넣고 모든 접시를 닦아대고 차
찌꺼기를 찻주전자에서 긁어내고 . . . 지랄 같은 매일 아침마다 네
가 그러는 게 그래서지. 알았어. 들어봐, 샘. 너한테 말하고 싶은 게
있어. 내 마음속에서 부터야.

맥스, 가까이 다가온다.

네가 내게 품고 있는 이 분노의 감정을 없애버리고 싶어. 나도 이해
하고 싶어. 정직하게 말해서, 내가 너한테 원인을 제공했니? 결코
아니지. 아버지가 돌아가셨을 때 아버지는 내게 말했지, 맥스야, 동
생들을 돌보아라. 바로 그렇게 말씀하셨어.

샘 죽었는데 어떻게 그렇게 말을 해?

맥스 뭐라고?

샘 죽었다면 어떻게 말을 해.

사이.

맥스 돌아가시기 전이야, 샘. 돌아가시기 직전에. 그게 마지막 말이었
어. 마지막 신성한 말씀이란 말이야, 새미. 그 말씀을 하시자 마자
. . . 돌아가셨어. 내가 농담한다고 생각해? 아버지가 돌아가시면서
한 말을 — 내가 단 한 마디라도 지키지 않을 거라고 생각하는 거
니? 조이야, 들었니? 저놈은 끝까지 갈 놈이야. 저놈은 아버지 영전
에 침을 뱉을 놈이야. 도대체 너는 아들이라고 할 수 없어, 이 쓸모
없는 놈아! 너는 하루의 절반을 크로스워드 퍼즐이나 하고 있지!
우리가 너를 정육점에 데려왔을 때 너는 바닥 먼지도 쓸 줄 몰랐
어. 맥그레거를 가게에 데려왔더니 일주일 만에 운영을 해내더군.
자, 내가 한 가지 말해두겠다. 나는 아버지를 한 인간으로서뿐 아
니라 최고의 정육점 주인으로 존경했어! 그리고 그것을 입증하기
위해 그를 따라 나는 가게로 들어갔던 거야. 아버지 무릎에 앉아서

고기 바르는 것을 배웠어. 나는 혈통으로 아버지의 이름을 기념했다. 나는 아들 셋을 낳아 어른으로 키웠어! 다 나 혼자 힘으로 한 거야. 너는 한 게 뭐냐?

사이.

너는 한 게 뭐냐? 이 바보 멍청아.

샘 형이 설거지 끝마칠래? 자, 여기 행주 있어.

맥스 그러니 너의 불만감을 없애도록 노력해 봐, 샘. 어찌 되었든, 우리는 형제니까.

샘 행주 원해? 여기 있어요. 받아요.

테디와 루스가 계단을 내려온다. 그들은 홀을 지나서 방 바로 안쪽에서 멈춘다.
다른 사람들이 돌아서서 그들을 본다. 조이는 일어선다.
테디와 루스는 가운을 입고 있다.
침묵.
테디, 미소를 짓는다.

테디 안녕하세요 . . . 아버지 . . . 우리 늦잠 잤네요.

사이.

아침은 뭐예요?

침묵.

테디, 킬킬 웃는다.

허, 우리 늦잠 잤어요.

맥스, 샘에게로 향한다.

맥스 쟤가 여기 있었던 것 알았니?
샘 아니.

맥스, 조이에게로 향한다.

맥스 쟤가 여기 있었던 것 알았니?

사이.

쟤가 여기 있었던 것 알았냐고 물었다.
조이 아니요.
맥스 그럼 누가 알았니?

사이.

누가 알았냐고?

사이.

나는 몰랐다.

테디   아버지, 내려오려고 했어요, 아버지가 내려오셨을 때 여기 . . .
내려오려고 했어요.

사이.

안녕하세요?

사이.

응 . . . 저, 소개할 . . . 사람이 . . .

맥스   너 언제부터 이 집에 있었니?

테디   밤새도록 있었어요.

맥스   밤새도록? 나는 웃음거리라 이거지. 어떻게 들어왔니?

테디   열쇠가 있었어요.

맥스, 휘파람을 불고 웃는다.

맥스   이건 누구야?

테디   아버지께 막 소개하려고 했어요.

맥스   누가 잡년을 여기에 데려오라고 했어?

테디 잡년이라고요?

맥스 누가 더러운 잡년을 집으로 데려오라고 했느냐고?

테디 들어보세요, 바보같이 굴지 마시고 —

맥스 밤새도록 여기 있었다고?

테디 네, 베니스에서 도착했어요.

맥스 냄새 나는 매춘부가 밤새도록 우리집에 있었었다고. 악취 나는 매
 독 걸린 잡년이 우리집에 밤새도록 있었어.

테디 그만 두세요! 도대체 무슨 얘길 하는 거예요?

맥스 저 새끼를 육 년 동안이나 못 봤는데 말 한마디 없이 길거리에 있
 는 더러운 매춘부를 내 집에 데려와서 잠을 잤다고.

테디 저 여자는 내 아내예요! 우리는 결혼했어요!

　　사이.

맥스 나는 이 지붕 밑에 창녀를 둔 적이 없어. 네 엄마가 죽은 후에는
 말이지. 명예를 걸고 하는 말이다. (조이에게) 너 창녀를 집에 데려
 온 적 있니? 레니가 창녀를 데려온 적 있었나? 쟤들은 미국에서 돌
 아오면서 구정물 양동이를 가져왔구먼. 요강을 가져왔어. (테디에
 게) 저 질병 덩어리를 내 앞에서 꺼지게 해라. 저년을 치워버려.

테디 저 여자는 내 아내예요.

맥스 (조이에게) 둘 다 끌어내 버려.

　　사이.

철학박사라. 샘, 너 철학박사 만나고 싶니? (조이에게) 끌어내라고
했잖아.

사이.

도대체 무슨 일이야? 너 귀먹었니?

조이 아버지는 노인이에요. (테디에게) 아버지는 늙은이야.

레니, 가운 차림으로 방으로 들어온다.
멈춘다.
모두들 주위를 둘러본다.
맥스, 돌아서서 조이의 배를 온 힘을 다해서 친다.
조이, 몸을 꿈틀거리고 무대를 가로지르면서 비틀거린다. 맥스, 힘을
다해 주먹을 날리더니, 무너지기 시작한다. 그의 무릎이 휘어진다. 그
는 지팡이를 잡는다.
샘이 그를 돕기 위해 앞으로 나온다. 맥스는 지팡이로 그의 머리를 갈
긴다. 샘은 손으로 머리를 감싸고 앉는다.
조이는 손으로 배를 누르며 루스의 발 밑에 주저앉는다.
루스, 그를 바라본다.
레니와 테디는 조용하다.
조이, 조용히 일어선다. 그는 루스 가까이에 있다. 그는 루스로부터
돌아서서 맥스 쪽을 본다.
샘은 자기 머리를 움켜쥔다.
맥스는 힘겹게 숨을 쉬며 천천히 일어선다.

조이가 그에게 다가간다.

둘은 마주본다.

침묵.

맥스가 조이를 지나쳐서 루스에게로 간다. 그는 지팡이를 가지고 손짓을 한다.

맥스 아가씨.

루스가 그에게 다가간다.

루스 네?

그는 여자를 바라본다.

맥스 너 애 엄마냐?
루스 네.
맥스 몇이나 있어?
루스 셋이요.

맥스, 테디에게로 돌아선다.

맥스 다 네 자식이냐, 테드?

사이.

테디, 우리 멋지게 껴안고 키스나 하자, 응? 옛날처럼 말이야? 멋진
포옹과 키스 어때?

테디 그럼, 그러세요.

사이.

맥스 너 네 늙은 아버지에게 키스해 주고 싶니? 늙은 아버지를 껴안고
싶으냐고?

테디 그럼, 그러세요.

테디, 한 발자국 다가간다.

자.

사이.

맥스 너 여전히 늙은 아버지를 사랑하는구나, 응?

둘은 서로를 마주본다.

테디 자, 아버지. 나는 포옹할 준비가 되어 있어요.

맥스, 꼴꼴 소리를 내면서 웃기 시작한다.
그는 가족을 향해 서서 말한다.

맥스 저놈이 여전히 지 애비를 사랑한다고!

막이 내린다.

2

오후.

맥스, 테디, 레너와 샘이 담뱃불을 붙이며 무대를 서성거린다.

조이가 커피 쟁반을 들고 왼편 뒤쪽에서 등장하고 뒤를 루스가 따른다. 조이, 쟁반을 내려놓는다. 루스는 남자들에게 커피를 나눠준다. 여자, 자기의 컵을 들고 앉는다. 맥스가 그녀를 보고 미소짓는다.

루스 점심 아주 좋았어요.

맥스 좋았다니 반갑군. (다른 사람들에게) 들었니? (루스에게) 자, 내 온 정성을 다한 거야, 장담할 수 있지. (마신다.) 커피 아주 맛있는데.

루스 다행이에요.

사이.

맥스 넌 일급 요리사 같아.

루스 못하지는 않죠.

맥스 아니, 난 네가 일등 요리사라는 느낌이 들어. 내 말이 맞지, 테디?

테디 그래요, 요리를 매우 잘해요.

사이

맥스 자, 온 가족이 모인 것은 오랜만이지, 그렇지 네 엄마만 살아 있다면. 저기, 샘 얘기 좀 해봐? 제씨가 살아있었다면 뭐라고 했을까? 아들 셋과 앉아 있었다면. 벗시게 자란 세 명의 아들들이랑 그리고 멋진 며느리와. 한 가지 유감스러운 것은 손주들이 이 자리에 없다는 것이지. 애들을 어루만지고 소곤거리지 않았겠니, 샘? 애들을 두고 유난을 떨며 같이 놀아주고, 이야기를 들려주고 간지럽히곤 했겠지 — 내 말은 요란을 떨었을 거란 거지. (루스에게) 명심해 둬, 애 엄마가 아들들이 알고 있는 모든 것을 가르쳤다는 거야. 그 여자는 애들에게 걔들이 알고 있는 모든 도덕을 가르쳤지. 애들이 지키고 살아가는 모든 도덕률의 하나하나가 애들 엄마가 가르친 거야. 열심을 가지고 했다니까, 정말 열심이었지, 웅, 샘? 들어봐. 말을 빙빙 돌릴 필요가 뭐 있어? 그 여자는 이 가족의 중심이었다고. 내 말은 나는 가게에서 하루 이십사 시간 일하기 바빴고, 고기를 구하기 위해서 온 나라를 돌아다녔지, 나는 세계를 개척하고 아내는 강철 같은 의지, 황금 같은 가슴과 정신으로 가정을 지키게 했던 거야. 그렇지, 샘?

사이.

대단한 정신이지.

사이.

명심해라. 난 그 여자에게 너그러운 남편이었어. 난 그 여자가 돈이 부족하게 했던 적은 없어. 어느 해인가 대륙과 거래가 있는 일급 도축업자들과의 교섭에 들어갔던 일이 기억나는군. 나는 그들과 손잡고 일하려던 참이었지. 집에 들어왔던 그 밤이 생각나는군, 나는 조용히 있었어. 먼저 나는 레니를 목욕시키고, 테디를 목욕시키고 그리고 조이를 목욕시켰지. 얘들아, 우리 목욕하면서 얼마나 즐거웠었니, 응? 그리고 아래층에 내려와서 제씨의 발을 둥근 의자에 올려놓게 했어 — 그 의자는 어떻게 된 거야, 몇 년 동안 눈에 뜨이지 않네 — 아내는 발을 둥근 의자에 올려놓고 나는 그녀에게 말했지, 제씨, 우리 배가 집으로 돌아오는 것 같구려, 당신에게 한두 가지 물건을 사주고 싶어, 당신에게 끈이 달린 연푸른색 비단 드레스를 사줄 거야. 진주로 두껍게 장식된 거로. 그리고 평상복으로는 라일락 꽃무늬의 호박단으로 된 판타롱을 사줄 거야. 그러면서 나는 그녀에게 체리 브랜디를 조금 따라 주었어. 아들들이 잠옷을 입고 머리를 반짝이며 분홍색 얼굴로 내려오던 것을 기억해. 애들이 면도를 시작하기 전이었지. 걔들은 제씨와 내 발 아래 무릎을 꿇어 앉았지. 마치 크리스마스 같았다고.

사이.

루스 그 도축업자들은 어떻게 되었어요?

맥스 그놈들? 놈들은 다른 사람들과 마찬가지로 범죄 집단으로 판명되었지.

사이.

형편없는 시가로군.

그는 시가를 비벼 불을 끈다.
맥스, 샘에게로 향한다.

몇 시에 일 나갈 거야?

샘 곧 가.

맥스 오늘 오후에도 일해야 하지, 안 그래?

샘 응, 알고 있어.

맥스 알고 있다니, 무슨 말이야? 너는 늦겠다. 너 직장을 잃고 싶어서 그래? 뭐하는 거야, 나를 수치스럽게 하려는 거야?

샘 내 걱정은 하지 마.

맥스 울화통이 치밀어 오른다. 울화통 — 알아듣니? (루스에게) 나는 평생 도축사로 일해왔어. 도축 도끼와 도마 판대기를 사용하면서, 도마 판대기, 무슨 말인지 알겠어? 도끼와 도마 판대기라고! 우리 가족을 안락하게 먹여 살리기 위해서지. 두 가족을! 우리 어머니는 앓아누워 있었고, 우리 형제들은 병약하지. 나는 일류 정신분석학자에게 지불할 치료비를 벌기 위해서 돈을 벌어야 했어. 나는 책도 읽어야만 했어! 나는 질병에 대해서 공부해야만 했지, 그래서 어떠한 위기에도 대처할 수 있도록. 손상된 가족, 세 명의 되먹지 못한 아들놈과, 잡년 같은 마누라 — 나한테 출산의 고통에 대해서 말하지 마 — 나는 그 고통을 겪었어, 아직도 고통을 느끼고 있어 — 기침

귀향 · 97

을 조금만 해도 등짝이 무너져 — 그리고 여기 나는 게을러 빠진, 제시간에 일하러 가지도 않는 동생 놈까지 있어. 세계 최고의 운전사라나. 평생 동안 그는 앞좌석에 앉아서 손으로 멋진 사인을 보내 왔지. 그걸 일이라고 부르는 거야? 저놈은 기어 박스와 똥구멍을 구별도 못한다고.

샘 가서 내 손님들한테 물어봐! 그 사람들은 나만 찾는다니까.

맥스 다른 기사들은 뭐하는데, 하루 종일 잔다니?

샘 나는 차 한 대밖에는 못 몰아. 동시에 모든 사람이 나를 가질 수는 없지.

맥스 누구든지 동시에 너를 가질 수 있어. 너는 오십 센트를 주우려고 블랙프라이어 다리에서 허리를 구부릴 놈이야.

샘 내가!

맥스 이 실링과, 애플 파이 한 조각 주면 굽실대지.

샘 형은 나를 모욕하고 있어. 자기 동생을 모욕하고 있어. 나는 네 시 삼십 분에 햄톤 코트로 사람을 실어 날러.

맥스 운전은 누가 할 줄 아는지 알아? 맥그리거야! 맥그리거야말로 운전할 줄 알지.

샘 믿는 건 아니겠지.

맥스, **지팡이**로 샘을 **겨냥**한다.

맥스 샘은 전쟁에서 싸우지도 않았어. 그 망할 전쟁에서 싸울 필요도 없었다고!

샘 나는 싸웠어!

맥스 너는 누굴 죽였는데?

침묵.

샘, 일어서서 루스에게로 가 그녀와 악수를 하고 현관문으로 나간다.

맥스는 테디에게로 돌아선다.

그래 넌 어떻게 지냈니, 아들아?

테디 잘 지냈어요, 아버지.

맥스 우리에게 돌아와 기쁘다, 아들아.

테디 돌아오니까 좋아요, 아버지.

사이.

맥스 결혼했다는 얘기를 했어야만 해, 테디야. 너에게 선물을 보냈을
텐데. 결혼은 어디서 했니, 미국?

테디 아니요, 여기서요. 우리가 떠나기 전날요.

맥스 큰 잔치였니?

테디 아니요, 아무도 없었어요.

맥스 너 미쳤구나. 네게 멋진 결혼식을 해주었을 텐데. 알짜배기 손님
들을 모시고 말야. 비용 부담은 정말 기꺼이 했을 거야, 명예를 걸
고 하는 말이다.

사이.

테디 그때 바쁘셨잖아요. 아버지를 방해하고 싶지 않았어요.

맥스 너는 내 혈육이야. 너는 내 맏자식이다. 난 뭐든지 다 중단했을

거야. 샘이 스나이프에 태워서 리셉션에 데려다 주었을 거고, 레니가 너의 들러리가 되었겠지, 그리고 우리 모두는 네가 배를 타고 가는 것을 배웅했겠지. 내가 네 결혼을 인정하지 않았을 거란 생각은 아니겠지, 그렇지? 바보같이 굴지 마. (루스에게) 나는 내 두 아들에게 몇 년 동안이나 적절한 자격을 갖춘 멋진 여성다운 여자를 찾으라고 빌어왔어 ― 그게 삶을 살 가치가 있게 만드는 거야. (테디에게) 어찌 되었든, 무슨 차이가 있어, 너는 해냈고, 훌륭한 선택을 했고, 멋진 가족과 훌륭한 직업을 가지고 있지 . . . 그러니 지난 일이야 지난 일로 놔둬야겠지?

사이.

내가 하는 말 알겠니? 내가 축복한다는 것을 너희 둘 다 알기 바란다.

테디 고맙습니다.

맥스 그런 말 하지 마라. 철학박사가 앉아서 커피 마시고 있는 집이 동네에 몇 집이나 있겠니?

사이.

루스 테디는 . . . 아버님이 저를 만족해 하신다는 것을 알고 무척 기쁠 거예요.

사이.

아버님이 저를 맘에 들어하실까 테디가 걱정했을 거예요.

맥스 넌 매력 있는 여자야.

사이.

루스 저는 . . .

맥스 뭐야?

사이.

뭐라는 거야?

모두들 여자를 쳐다본다.

루스 제가 . . . 처음 테디를 만났을 때 저는 . . . 달랐어요.

테디 아니, 당신은 다르지 않았어. 당신은 똑같았어.

루스 그렇지 않아.

맥스 무슨 상관이야? 자, 현재에서 살라고, 무슨 걱정을 하는 거야? 내 말은, 적어도 지구가 오십 억 년이 되었다는 것을 잊지는 말아. 누가 과거에 살 수가 있겠어?

사이.

테디 저 사람은 그곳에서 내게 큰 도움이 되었어요. 좋은 아내고 엄마지요. 굉장히 인기 있는 여자예요. 친구도 많고요. 대학에서 . . . 멋진 삶이지요 . . . 아시죠 . . . 굉장히 좋은 생활이에요. 아름다운 집이 있고 . . . 우린 모든 것을 가졌고 . . . 우리가 원하는 모든 것을 갖고 있어요. 매우 자극을 주는 환경이에요.

사이.

우리 학과는 . . . 매우 성공적이에요.

사이.

아들을 셋 두었어요, 아시죠.

맥스 모두 아들이야? 재미있군, 그렇지? 아들 셋이라. 나도 아들 셋인데. 조이야. 넌 남자 조카가 셋이구나. 조이! 넌 삼촌이야, 들었어? 권투를 가르칠 수 있겠구나.

사이.

조이 (루스에게) 난 권투 선수예요. 일 끝나고 저녁에. 낮에는 건물 철거를 하죠.
루스 그래요?
조이 그래요. 경기가 더 생기면 전업 선수가 되려고 해요.
맥스 (레니에게) 형수에게 아주 쉽게 말을 하는구먼, 너도 느꼈니? 저애가 지적이고 인정 있는 여자라서 그런 거야.

맥스, 루스에게 기댄다.

응, 말해봐, 애들이 엄마를 보고 싶어하지 않니?

루스, 맥스를 쳐다본다.

테디 물론 그렇지요. 애들은 엄마를 사랑해요. 곧 애들을 만나게 될 거예요.

사이.

레니 (테디에게) 형 담뱃불이 꺼졌네.
테디 아, 그래.
레니 불 원해?
테디 아니. 아니.

사이.

네 것도 그런데.
레니 아, 그래.

사이.

음, 형, 박사학위에 대해서 우리에게 얘기를 별로 안 해줬어. 뭘 가르쳐?

테디 철학.

레니 그래, 하나 물어볼게. 형은 기독교적 일신론의 중심 주장에서 그 어떤 논리적인 모순을 찾을 수 있어?

테디 그 질문은 내 영역이 아니야.

레니 음, 이런 식으로 생각해 봐요 . . . 내가 질문 좀 해도 괜찮겠어?

테디 그게 내 영역이라면.

레니 음, 이런 식으로 생각해 봐. 알지 못하는 것들이 어떻게 존경을 받을 수 있어? 다시 말하면 우리가 알지 못하는 것들을 우리는 어떻게 존경할 수 있겠어? 동시에, 우리가 알고 있는 것들이 존경받을 만하다고 가정하는 것도 우스운 것이지. 우리가 알고 있는 것은 여러 가지 중 어떤 것이라도 받을 자격이 있지만 존경이 그중 하나라는 법은 없지. 다시 말하면, 아는 것과 알지 못한다는 것 말고는 다른 무엇이 존재하는 거지?

사이.

테디 나는 그 질문을 받을 만한 사람이 못 된다.

레니 하지만 형은 철학자잖아. 자, 솔직해져 봐. 존재와 무존재의 일에 대해서 어떻게 생각해?

테디 어떻게 생각하냐고?

레니 응, 예를 들면, 테이블을 두고 봐. 철학적으로 말해서, 그게 뭐야?

테디 테이블이지.

레니 아, 그 무엇도 아닌 테이블이란 거지. 글쎄, 어떤 사람들은 형의 확신에 대해서 부러워하겠지, 안 그래, 조이? 예를 들면, 친구 몇 놈 있는데 우리는 종종 리츠 바에 가서 술을 몇 잔 하지. 걔들은 이런 말들을 항상 하곤 해: 테이블 잡아라, 저거 잡아라. 알았어, 나는 말하지, 잡아라, 테이블 잡아라, 하지만 일단 잡고 나면 그걸 가지고 뭐할 건데? 붙잡고 나면 어디로 가져갈 건데?

테디 아마도 팔게 되겠지.

레니 얼마 받지도 못할 거야.

테디 땔감으로 쓰게 뽀개 버리지.

레니가 테디를 보고 웃는다.

루스 너무 확신하지 말아요. 뭔가 잊은 게 있군요. 나를 봐요. 나는 . . . 다리를 움직이지요. 그게 전부죠. 하지만 나는 . . . 속옷을 . . . 입고 있고 . . . 그건 나랑 같이 움직이죠 . . . 그게 . . . 당신의 관심을 끌고 있죠. 아마 당신은 잘못 해석하고 있을 거예요. 행위는 간단해요. 다리를 . . . 움직이는 거죠. 내 입술이 움직이죠. 왜 당신의 관찰을 그것에 . . . 한정지으려 하지 않죠? 아마도 입술이 움직인다는 것이 . . . 그걸 통해서 나오는 말보다 더 중요하겠지요. 당신은 그런 . . . 가능성을 . . . 염두에 두어야 해요.

침묵.
테디, 일어선다.

나는 이 근처에서 태어났어요.

사이.

그런데 . . . 육 년 전에, 미국으로 갔지요.

사이.

거긴 바위 투성이에요. 그리고 모래하고. 시야가 닿는 곳 끝까지 뻗쳐 있어요.

사이.

그리고 거기엔 벌레가 많아요.

침묵.
여자, 가만히 있는다.
맥스, 일어선다.

맥스 자 체육관에 갈 시간이다. 조이, 네 운동시간이야.
레니 (일어서서) 너랑 같이 갈게.

조이, 루스를 바라본 채 앉아 있다.

맥스 조.

조이, 일어선다. 셋이 걸어나간다.
테디, 루스 옆에 앉아서 그녀의 손을 잡는다.
그녀, 남편에게 미소짓는다.

사이.

테디 우리 돌아가는 거지, 음?

사이.

집에 갈까?

루스 왜?

테디 여기에는 며칠만 있으려 했잖아. 안 그랬어? 차라리 단축하는 게
. . . 좋을 것 같아.

루스 왜? 당신 여기가 싫어?

테디 물론 좋아. 하지만 돌아가서 이제 애들을 보고 싶어.

사이.

루스 당신 가족이 싫어?

테디 어떤 가족?

루스 여기 있는 가족.

테디 물론 좋아. 무슨 말을 하는 거야?

사이.

루스 당신이 생각했던 것만큼 좋지가 않은 거야?

테디 물론 좋아. 물론 나는 . . . 가족들이 좋아. 무슨 말을 하는지 모르
겠군.

사이.

이거 봐, 지금 저쪽 시간이 어떻게 되는지 당신 알지, 그래?

루스 뭐?

테디 아침이야. 11시경.

루스 그런가?

테디 그래, 애들 시간은 우리보다 여섯 시간 늦으니까 . . . 내 말은 . . .
여기 시간보다 늦으니까. 애들이 수영장에 있겠군 . . . 지금 . . . 수
영하겠네. 생각해 봐. 그곳의 아침을. 태양. 우린 어차피 갈 거지,
음? 거긴 너무 깨끗해.

루스 깨끗하지.

테디 그래.

루스 여기는 더러운가?

테디 아냐, 물론 아냐. 하지만 거기가 더 깨끗해.

사이.

봐, 나는 내 가족을 만나게 하려고 당신을 이리 데려온 거야, 안 그
래? 당신은 가족을 만났어, 가도 되지. 가을 학기도 곧 시작하잖아.

루스 당신 보기엔 여기가 더러워?

테디 여기가 더럽다고 생각한다는 말은 아냐.

사이.

그런 말은 안 했어.

사이.

자 봐. 나는 가서 짐을 쌀 거야. 당신은 좀 쉬어. 그럴래? 모두들 적어도 한 시간 동안은 돌아오지 않을 거야. 당신 자도 돼. 쉬어. 제발.

여자, 남자를 쳐다본다.

집에 가면 당신은 내 강의를 도와줄 수 있어. 난 그게 좋아. 정말 고맙게 생각해. 시월까지는 수영할 수 있지. 알지. 여기서는 수영할데가 없어, 저 길 아래의 수영장 빼놓고는. 그게 뭐 같은지 알아? 변소 같아. 더러운 변소 같다고!

사이.

당신은 베니스를 좋아했지, 안 그래? 멋지지, 안 그래? 즐거운 한 주였어. 내 말은 . . . 내가 당신을 거기 데려갔지. 나는 이태리 말을 하니까.

루스 내가 이태리 전투 때 간호사였다면 나도 거기에 갔었을 거야.

사이.

·**테디** 당신은 그냥 쉬어. 나는 가서 짐을 쌀게.

테디는 나가서 계단을 올라간다.

여자, 눈을 감는다.

레니가 무대 왼편 뒤쪽에서 등장한다.

그는 방으로 들어와서 여자 옆에 앉는다.

여자 눈을 뜬다.

침묵.

레니 점점 날이 짧아지네요.

루스 그래요, 어두워지는군요.

사이.

레니 겨울이 곧 오겠죠. 옷장을 새로 정리할 때예요.

사이.

루스 좋은 일이죠.

레니 뭐가요?

사이.

루스 나는 늘 . . .

사이.

당신 옷 좋아해요?

레니 아, 물론. 옷은 매우 좋아하죠.

사이.

루스 나는 좋아해 . . .

사이.

당신 내 신발 어떻게 생각해요?

레니 매우 멋지네요.

루스 아니, 거기선 내가 원하는 걸 구할 수가 없어요.

레니 원하는 것을 거기서 구할 수가 없다고, 응?

루스 없어요 . . . 거기서는 구할 수가 없어요.

사이.

나는 떠나기 전에 모델이었어요.

레니 모자?

사이.

한번은 어떤 여자에게 모자를 사줬지요. 가게에서 유리 상자에 들어 있는 걸 봤어요. 뭐가 달렸는지 말해줄게요. 수선화 다발이 달려 있어요. 검정 사틴 리본에 묶여서, 그리고 검정 베일 덮개로 덮여 있었어요. 덮개. 정말이지, 그 여자에게 꼭 어울리는 모자였어요.

루스 아니 . . . 신체 모델이었어요. 신체 사진 모델이요.

레니 실내 작업인가요?

루스 내가 아이들을 . . . 갖기 전이죠.

사이.

아니, 늘 실내는 아니죠.

사이.

한두 번 기차를 타고 시골에 갔었죠. 아, 여섯, 일곱 번쯤. 우리는 커다란 흰색 급수탑을 . . . 지나가곤 했어요. 그곳 . . . 그 집은 . . . 매우 컸지요 . . . 나무들이랑 . . . 호수가 있었어요, 그래요 . . . 우리는 옷을 갈아입고 호수쪽으로 걸어가곤 했지요 . . . 우리는 길을 따라서 . . . 돌 위로 . . . 거기에 있었지요 . . . 길 위에. 아, 잠깐만 . . . 그래요 . . . 집 안에서 옷을 갈아입었을 때 우리는 술을 마셨죠. 찬 뷔페 음식이 있더군요.

사이.

때때로 우리는 집 안에 머물렀어요. 하지만 대부분 . . . 호수쪽으로 걸어갔지요 . . . 그리고 거기서 모델 작업을 했어요.

사이.

미국 가기 직전에 거길 갔어요. 역에서 대문까지 걸어가서 그리고
집으로 통하는 사설 차도를 걸어 올라갔지요. 불이 켜져 있었어요
. . . 나는 차도에 서 있었어요 . . . 집은 환했지요.

테디가 가방을 들고 계단을 내려온다. 가방을 내려놓고 레니를 쳐다본
다.

테디 무슨 얘기하는 중이었어?

그는 루스에게로 간다.

여기 코트가 있어.

레니가 라디오 겸 전축에 다가가서 느린 재즈 음반을 올려놓는다.

루스. 자. 옷을 입어.

레니 (루스에게) 가기 전에 춤 한번 추는 게 어때요?
테디 우린 가야 해.
레니 한 번만.
테디 안 돼. 우리는 가야 해.
레니 시동생이랑 떠나기 전에 춤 한 번만.

레니가 여자에게 허리를 굽힌다.

마담?

루스는 일어선다. 그들은 천천히 춤을 춘다.
테디는 루스의 외투를 들고 서 있다.
맥스와 조이가 정문으로 들어와서 방안으로 들어온다.
그들은 서 있다.
레니가 루스에게 입을 맞춘다. 그들은 키스한 채로 서 있다.

조이 맙소사, 저 여자 다 벌렸네. 아버지, 저것 좀 봐요.

사이.

저 여자 갈보예요.

사이.

레니가 갈보를 여기 데려왔어요.

조이가 그들에게 다가간다. 남자, 루스의 팔을 잡는다. 그는 레니에게
미소짓는다. 조이, 루스와 소파에 같이 앉아서 포옹을 하고 입을 맞춘
다. 조이, 레니를 쳐다본다.

바로 내 구역에 말이지.

조이, 여자가 자기 밑에 눕도록 여자 등을 편다. 여자에게 키스한다. 그는 테디와 맥스를 바라본다.

마사지보다 더 좋은데요, 이거.

레니, 소파의 팔에 앉는다. 조이가 루스를 껴안고 있는 동안 그녀의 머리를 어루만진다.
맥스가 앞으로 나와서 짐가방들을 쳐다본다.

맥스 너 떠나는 거니, 테디? 벌써?

사이.

음, 너 다시 올 거지, 응? 봐, 다음에는 여기 오기 전에 네가 결혼했는지 안 했는지 미리 알려주는 것을 잊지 말고. 난 항상 네 아내를 만나는 것이 기쁠 거야. 정말이야. 정말이라니까.

조이, 루스 위에 무겁게 누워 있다.
둘 다 거의 움직이지 않는다.
레니는 여자의 머리를 애무한다.

자, 왜 네 녀석이 결혼 여부를 내게 말하지 않았는지 내가 모른다고 생각하니? 난 왠지 알지. 너는 창피했던 거야. 너는 네가 신분이 낮은 여자랑 결혼한 것 때문에 내가 화를 낼 거라고 생각했지. 하지만 넌 나를 잘 알지 못했던 거야. 나는 마음이 넓어. 나는 마음이 넓은 사람이야.

그는 조이 밑에 있는 루스의 얼굴을 뚫어지게 보다가 테디에게로 향한다.

잘 들어라, 쟤는 예쁜 여자야. 아름다운 여자야. 그리고 어미이기도 하지. 세 아이의 어미. 넌 저 여자를 행복하게 해주었어. 그건 자랑할 만한 거지. 내 말은, 우린 자질이 뛰어난 여성에 대해서 이야기하고 있는 거야. 우리는 감정이 예민한 여성에 대해서 이야기하고 있는 거야.

조이와 루스가 소파에서 바닥으로 굴러 떨어진다.
조이가 여자를 꽉 껴안는다. 레니가 남녀 위에 가서 선다. 남녀를 내려다본다. 레니, 발로 부드럽게 루스를 건드린다. 루스, 갑자기 조이를 밀쳐낸다.
여자, 일어선다.
조이가 일어서서 그녀를 응시한다.

루스 난 뭐 좀 먹어야겠어요. (레니에게) 뭐 좀 마시고 싶어요. 뭐 마실 것 있어요?
레니 마실 것 있어요.
루스 꼭 좀 마시고 싶어요.
레니 뭐 마실 건데요?
루스 위스키요.

레니   있어요.

　　사이.

루스   음, 가서 가져와요.

　　레니, 찬장으로 가서 병과 잔을 꺼낸다.
　　조이, 여자에게 다가간다.

　　레코드 꺼요.

　　조이, 여자를 쳐다보고 돌아서서 레코드를 끈다.

　　나 뭐 좀 먹고 싶어요.

　　사이.

조이   난 요리 못해요. (맥스를 가리키며) 아버지가 요리사예요.

　　레니, 여자에게 위스키 한 잔을 가져온다.

레니   소다수 곁들일래요?
루스   무슨 잔이 이래요? 이걸로 마실 수는 없어요. 큰 잔 없어요?
레니   있어요.
루스   음, 큰 잔에다가 담아요.

레니, 잔을 도로 가져가고 위스키를 큰 잔에 담아 가져온다.

레니 얼음이랑 같이? 그냥 그대로?

루스 얼음이랑? 당신이 얼음에 대해서 뭐 알아요?

레니 우리 얼음 있어요. 냉장고에 깡깡 얼어 있지.

루스, 마신다.
레니, 다른 사람들을 쳐다본다.

모두 마실 거예요?

레니, 찬장으로 가서 술을 따른다.
조이, 루스에게 다가간다.

조이 어떤 음식을 원해요?

루스, 방을 빙 돈다.

루스 (테디에게) 당신 가족들이 당신 글을 읽었나요?

맥스 그거는 한 번도 못해봤어. 저 녀석의 논문을 한 번도 읽어본 적이 없어.

테디 아버지는 이해 못할 거예요.

레니, 술잔을 돌린다.

조이 어떤 음식을 원해요? 어쨌건 나는 요리사가 아니에요.

레니 테드, 소다수? 아님 그대로?

테디 내 글은 이해하지 못할 거예요. 도대체 뭐에 대한 건지 감도 못 잡을 거예요. 판단 기준도 알지 못할 거예요. 당신들은 저 뒤에 쳐져 있어요. 모두 다요. 내 글을 이리 보낸다는 것은 의미 없는 거죠. 뭐가 뭔지 모를 거예요. 그건 지성의 문제가 아니에요. 이건 세상을 바라보는 방식의 문제지요. 이건 사물 안에서가 아니라 사물에 대해서 작용할 수 있느냐의 문제죠. 내 말은 두 개를 연계시키는 능력의 문제, 두 개를 관련짓는, 두 개의 균형을 잡는 능력의 문제지요. 보는, 볼 수 있는 능력! 나만이 볼 수 있어요. 그래서 나는 비평서를 쓸 수 있는 거예요. 그걸 보면 . . . 도움이 되겠지요 . . . 어떤 사람들이 . . . 사물을 . . . 어떻게 보는지 . . . 특정인들이 . . . 지적인 균형을 . . . 어떻게 유지하는지를 보게 되니까. 지적인 균형이요. 당신들은 그냥 물체예요. 그냥 . . . 돌아다니는 거죠. 그것을 관찰할 수 있어요. 나는 당신이 뭘 하는지 볼 수 있어요. 그건 내가 하고 있는 것과 똑같아요. 하지만 당신들은 그 안에서 자기를 잃은 꼴이죠. 당신들은 나를 . . . 하게 할 수는 없을 거예요 . . . 나는 결코 자신을 잃지 않지요.

암전.

불이 꺼진다.

저녁.

테디, 외투를 입고, 짐 가방을 옆에 둔 채 앉아 있다. 샘이 있다.

사이.

샘 테디, 너 맥그레거 기억나니?

테디 맥이요?

샘 그래.

테디 물론 나지요.

샘 너는 그 사람을 어떻게 생각하니? 너 그 사람 좋아했니?

테디 응, 좋아했죠. 왜요?

　　　사이.

샘 알지, 넌 언제나 조카들 중에서 내가 가장 아끼는 애야. 항상 그랬어.

　　　사이.

네가 미국에서 편지를 썼을 때 나는 매우 감동했어. 내 말은 너는 네 아버지에게는 몇 번 편지를 쓰면서도 내게는 전혀 쓰지 않았지. 그러다, 네게서 그 편지를 받았을 때 . . . 나는 너무 감격했어. 네 아버지에게는 말하지 않았어. 네게서 소식을 들었다는 말은 하지 않았지.

　　　사이.

(속삭이면서) 테디, 내가 뭔가 말해줄까? 넌 네 엄마가 가장 아끼던 아들이야. 네 엄마가 말하더군. 사실이야. 너는 항상 . . . 네 엄마

사랑의 주 대상이었지.

사이.

몇 주만 더 머물지 그러니, 응? 다같이 웃을 수 있는 시간이 몇 번 더 있을 텐데.

레니가 정문으로 들어와서 방으로 들어온다.

레니 테드, 아직도 여기 있네? 첫 세미나에 늦겠다.

레니, 찬장으로 가서 열고, 오른쪽, 왼쪽 안을 들여다보고, 선다.

내 치즈 롤은 어디 갔어?

사이.

누가 내 치즈롤을 가져갔네. 여기다 두었는데. (샘에게) 훔쳐먹었어요?

테디 레니, 네 치즈롤은 내가 먹었는데.

침묵.
샘은 조카들을 보더니, 모자를 집어들고 정문으로 나간다.
침묵.

레니 형이 내 치즈롤을 먹었어?

테디 그래.

레니 그 롤 내가 직접 만든 거야. 내가 잘라서 버터를 바른 거야. 내가 치즈를 잘라서 그 사이에 넣었다고. 접시에 담아 찬장에 넣어 두었지. 나가기 전에 다 해놓은 거야. 이제 돌아와 보니 형이 다 먹어버렸네.

테디 그래서 어떻게 하려고 그러는데?

레니 형이 사과하길 기다리는 거야.

테디 레니, 그건 내가 고의로 먹은 거다.

레니 실수로 그런 게 아니란 말이야?

테디 아니, 네가 거기 두는 것 봤어. 나는 배가 고팠고, 그래서 먹어버렸어.

사이.

레니 낯짝도 두껍게 뻔뻔하군.

사이.

어떻게 자기 동생에게 그렇게 . . . 악의적일 수가 있어? 완전히 깔아뭉개는군.

사이.

자, 테디, 이건 적나라한 진실에 접근하고 있는 거야, 그렇지? 이건 묘기를 위한 테이블 위에 놓인 진짜 카드와 같애. 우리는 자유로운 국가에 살고 있어 . . . 자, 이걸 달리 어떻게 해석할 거야? 동생이 특별히 만든 치즈롤을 동생이 일하러 간 사이에 훔쳐 먹다니, 이건 명백한 거야, 이건 명명백백한 거라고.

사이.

잘 들어봐, 형은 지난 육 년간 무뚝뚝해진 것 같아. 약간 무뚝뚝해진 것 같아. 약간 내성적인. 덜 적극적인 거지. 웃겨, 왜냐면 미합중국에서는, 내 말은 태양과 그런 것들, 열려 있는 공간들, 오래된 캠퍼스에서 형의 지위에서, 강의하고, 오래된 캠퍼스에서, 지적인 모든 생활의 중심에서, 모든 사회적인 소용돌이, 거기서 오는 그 모든 자극들, 형의 애들과 그런 것들, 함께 재미있게 지낼 수 있는 수영장 옆에서 말이지, 그레이하운드 버스랑 그런 것들, 얼마든지 있는 얼음 냉수, 버뮤다 반바지가 주는 편안함과 그런 것들, 오래된 캠퍼스에서, 낮이고 밤이고 형은 커피 한 잔이나 화란 진을 마실 수 있겠다, 그런데서 나는 형이 더 적극적으로 변했으리라 생각했지, 반대가 아니고 말이지. 테디, 왜냐면 형이 우리에게 표준을 만들어 준다는 것을 형이 알아주기 바라니까. 우리 가족은 형을 존경해, 가족들이 뭐하는 건지 알아? 형이 만들어 놓은 모범을 쫓아가기 위해 최선을 다하는 거야. 왜냐하면 형은 우리에게 자부심의 근원이니까. 그래서 우리는 형이 돌아온 것이 반가운 거고, 형이 고향에 온 것을 환영하는 거라고. 그래서야.

사이.

아니, 들어봐. 형이 거기서 누린 것보다 우린 될 풍요롭게 생활한다는 데는 의문의 여지가 없지. 우리는 더 친밀한 삶을 살고 있어. 물론 우리는 바삐 지내. 조이는 권투하느라고 바쁘고, 나는 내 일로 바쁘고, 아버지는 여전히 포커를 즐기시고, 옛날 못지않게 요리도 하시고, 샘 아저씨는 회사에서 최고의 기사야. 하지만 우리는 하나의 단일체를 만들었어, 테디, 형도 그 구성요소야. 밤하늘 아래, 뒷마당에서 우리 가족이 앉아 조용히 대화를 나눌 때 둥근 좌석 중에는 텅 빈 의자가 하나 놓여 있는데 그건 바로 형의 것이야. 그래서 형이 마침내 우리에게로 돌아왔을 때, 우리는 형에게서 약간의 품위를 기대했어, 난 잘 모르겠는데 같은 태도, 약간의 너그러운 마음, 우리에게 확신을 심어주는 정신의 관대함을 기대했지. 우리는 그런 것을 기대했어. 하지만 우리가 그걸 얻었어? 그걸 얻었느냐고? 형이 우리에게 그걸 주었느냐고?

사이.

테디 그래.

조이, 신문을 들고 계단을 내려와 방으로 들어온다.

레니 (조이에게) 어땠어?
조이 응 . . . 그저 그랬어.
레니 그게 무슨 말이야?

사이.

그게 무슨 말이냐고?

조이 나쁘지는 않았다니까.

레니 나쁘지 않았다니 그게 무슨 의미인지 알고 싶어.

조이 그게 형이란 무슨 상관이야?

레니 조이, 형한테 모든 걸 털어놓아.

사이.

조이 끝까지 못 갔어.

레니 끝까지 못 갔다고?

사이.

(강조를 하면서) 너 끝까지 못 갔다고?

하지만 너 그 여자를 두 시간이나 위에서 데리고 있었잖아.

조이 그래서?

레니 끝까지 가지도 않았는데 거기서 여자를 두 시간이나 데리고 있었
다고!

조이 그게 어째서?

레니가 그에게 다가온다.

레니 무슨 말을 하는 거야?

조이 무슨 뜻이야?

레니 그 여자가 감질내는 여자란 뜻이야?

사이.

그 여자는 감질만 내는 년이구나!

사이.

테드, 어떻게 생각해? 형 마누라가 감질만 내는 여자로 판명되었어. 얘가 두 시간이나 위에서 데리고 있었는데 끝까지는 못 갔다고 하잖아.

조이 감질만 내는 여자라고는 말 안 했어.

레니 너 농담하는 거야? 감질만 내는 년같이 들리는데, 안 그래, 테드?

테디 아마 제대로 만져줄 줄 모르나 보지.

레니 조이가? 제대로 만지지를 않았다고? 웃기지 좀 마. 형이 크림 케이크 먹은 것보다 여자를 더 많이 겪은 놈이야. 저놈은 끝내주는 놈이라니까. 저앤 아주 특종 중의 특종이라고. 너랑 잤던 맨 마지막 계집애에 대해서 얘기해 봐, 조이.

사이.

조이 어떤 아가씨?

레니 그 마지막 여자! 우리가 차를 멈췄을 때 . . .

조이 응, 그거 . . . 그래 . . . 글쎄, 지난 주 어느 날 밤에 우리가 레니의 차를 타고 있었을 때 . . .

레니 알파 말이지.

조이 그리고 응 . . . 길을 슬슬 내려가고 있었는데 . . .

레니 형무소 가까이까지.

조이 그래, 형무소 옆까지 . . .

레니 노스 패딩톤 지역에 대해 약간 조사를 하고 있었는데.

조이 그런데 응 . . . 꽤 늦었었지, 안 그래?

레니 그래, 늦었었지. 그래서?

사이.

조이 그런데 우리가 . . . 인도와 차도 사이에, 주차하고 있는 차를 보았
는데 . . . 여자 애들 몇 명이 타고 있더군.

레니 그리고 파트너들이랑.

조이 그래, 거기 놈팡이 둘이 있더라고. 하여튼 간에 . . .

사이.

우리가 뭘 했지?

레니 차를 세우고 밖으로 나갔지!

조이 그래 . . . 우리는 내리고 . . . 그 두 놈팡이에게 꺼지라고 말했지
. . . 그러니까 사라지더군 . . . 그리고 우리는 두 여자를 차에서 끌
어내고 . . .

레니 형무소 쪽으로 데려가지는 않았어.

조이 아, 아니. 형무소 쪽으로는 아니야. 거기서는 경찰들이 우리를 알

아볼 테니까 . . . 그렇지. 우리는 걔들을 포탄 맞은 공터로 데려갔어.

레니 돌더미. 돌더미 속으로.

조이 그래, 돌이 잔뜩 있는 데로.

사이.

글쎄 . . . 알잖아 . . . 결국 우리는 걔들을 따먹었지.

레니 너 제일 좋은 부분을 빼먹었다. 저애는 제일 좋은 멋진 부분을 말 안 했어!

조이 어떤 부분?

레니 (테디에게) 저놈 계집애가 저놈에게 그러는 거야, 나는 괜찮아요, 이러는 거야, 그런데 난 피임을 해야 돼요, 뭐든 피임을 해야 해요. 난 피임도구 따위는 없어라고 조이 형이 말했지. 그러면 난 안 하겠어요, 여자가 말했어. 아니 너는 할 거야, 조이가 말했어. 피임 따위는 신경 쓰지 마.

레니, 웃는다.

네 계집애도 그 말을 듣더니 웃더라니까. 그래, 걔도 웃음소리를 내더라고. 그러니까 조이가 발동 걸면 굉장한 물건이 아니라는 말은 하지 마, 그렇지? 그런데 여기서 조이가 이층에서 형 마누라랑 두 시간이나 있었는데 끝까지 못했다는 거야. 글쎄, 테드, 나는 형 마누라가 감질내는 여자 같다는 생각이 들어. 조이, 어떻게 생각하니? 넌 만족했니? 끝까지도 못 갔으면서 만족했다는 말은 말아라.

사이.

조이 끝까지 가 본 건 너무 여러 번이지. 때때로 . . . 만족하면서 . . .
끝까지 안 갈 수도 있어. 종종 . . . 끝까지 안 가고도 . . . 만족할 수
있어.

레니, 그를 쳐다본다.
맥스와 샘이 현관문으로 들어와서 방으로 들어간다.

맥스 그 잡년 어디 있어? 아직도 침대에 자빠져 있나? 그년은 우리를
전부 동물로 만들 거야.
레니 그 여자는 감질나게 하는 년이에요.
맥스 뭐야?
레니 조이를 데리고 놀았더라고요.
맥스 무슨 뜻이야?
테디 두 시간이나 데리고 있으면서 끝까지도 못 갔대요.

사이.

맥스 우리 조이가? 내 아들한테 그랬단 말이야?

사이.

내 막내아들한테? 츠, 츠, 츠, 츠. 기분이 어떠냐? 아들아? 괜찮니?
조이 물론 괜찮아요.

맥스 (테디에게) 그 여자가 너에게도 그랬니?

테디 아니요.

레니 형은 싸기는 했을 거야.

조이 아니 안 쌌을 거야.

사이.

샘 쟤는 그년의 법적인 남편이야. 그년은 쟤의 법적인 아내라고.

조이 아니, 안 했어! 형은 안 쌌다고! 내가 말하는데. 당신들 전부한테 말하는데. 형이 쌌다고 또 그러는 사람은 죽여버릴 거야.

맥스 조이 . . . 너는 뭐 가지고 그렇게 흥분하는 거니? (레니에게) 쟤가 좌절해서 저런다. 뭔 일이 생겼는지 봤지?

조이 누가요?

맥스 조이. 누구도 네가 틀렸다고는 안 해. 실은 모두 다 네가 맞다고 하는 거야.

사이.

맥스가 다른 사람들에게 향한다.

알아? 여자를 집에 들이는 것도 나쁜 생각은 아닐 거야. 아마도 좋은 걸 거야. 누가 알아? 우리는 그 여자를 붙들어 둬야 할 것 같아.

사이.

여기 남아있기를 원하는지 물어봐야겠지.

사이.

테디 아버지, 안 되겠는데요. 집사람은 몸이 좋지 않고, 우리는 애들한
　　테 돌아가 봐야 해요.

맥스 몸이 좋지 않다고? 나는 몸이 안 좋은 사람들을 돌보는 데 능숙
　　해, 말했지. 걱정하지 마. 아마 우리는 걔를 데리고 있어야 할 것 같
　　다.

사이.

샘 바보같이 굴지 마.

맥스 뭐가 바보야?

샘 쓸데없는 얘기야.

맥스 내가?

샘 걔는 애가 셋이야.

맥스 더 낳을 수 있어! 여기서. 원하기만 한다면.

테디 더 이상 원하지 않아요.

맥스 테드, 걔가 원하는 게 뭔지 네가 뭘 아니, 응?

테디 (미소를 지으면서)　가장 좋은 것은 나랑 같이 집으로 가는 거예요.
　　아버지. 정말이에요. 우리는 결혼했다고요, 아시죠.

맥스가 방 안을 돌아다니며 손가락을 딱딱 튀긴다.

맥스 물론, 우리는 걔한테 돈을 줘야겠지. 그거 알고 있어? 우리는 개

가 용돈도 없이 돌아다니게 놔둘 수는 없어. 약간의 용돈이라도 있어야겠지.

조이 물론 우리가 그 여자한테 돈을 줘야지요. 주머니에 돈 몇 푼은 있어야겠지요.

맥스 내가 하는 말이 바로 그거다. 스타킹 하나 살 돈 몇 푼 없이 다니게 할 수는 없지요.

사이.

레니 그 돈이 어디서 나는데?

맥스 음, 그 여자 값어치가 얼마나 되나? 세 자리 숫자라도 되는 건가?

레니 돈이 어디서 나느냐고 물었어요. 먹여야 할 입 하나 더 느는 거라고요. 입혀야 할 몸 하나가 더 늘고. 알고 있어요?

조이 내가 그 여자 옷을 사줄게요.

레니 무슨 돈으로?

조이 내 월급에서 일부를 기탁하죠.

맥스 됐다. 모자를 돌리도록 하자. 기부를 하도록 하자. 우리는 모두 성인이고, 책임감이 있다. 조금씩 모자에 넣도록 하자. 그게 민주적이지.

레니 몇 파운드는 필요할 텐데요, 아버지.

사이.

내 말은, 그 여자는 중고 옷을 입고 돌아다닐 여자는 아니라는 거지요. 최신 유행을 쫓는다고요. 자기를 최고로 보이게 하지 않는 옷을 입고 돌아다니길 원하지는 않으시죠, 그렇죠?

맥스 레니, 내가 한 마디 해도 되겠니? 비판하려는 것은 아니야. 너는 경제적인 고려에 너무 초점을 두는 것 같다. 다른 것도 고려해야 해. 인간적인 면을 고려해야지. 내가 하는 말을 알겠니? 인간적인 면을 고려해야 한다고. 잊지 말아라.

레니 잊지 않을 게요.

맥스 음, 그래 잊지 마.

사이.

들어봐, 그 여자가 여지껏 대접 받아온 대로 이에 상응한 대접을 해 줘야 해. 어찌 되었든, 그 여자는 길거리에서 주운 게 아니라 내 며느리니까!

조이 맞아요.

맥스 그렇지, 그럼. 조이가 기부할 거고 샘도 할 거야 . . .

샘이 맥스를 쳐다본다.

내 연금에서 얼마를 내놓을 거야, 레니는 마지못해 내놓을 거고. 우리는 웃으며 내놓을 거야. 테드, 너는 어떠니? 얼마나 적립할 거니?

테디 나는 한푼도 적립하지 않을 거예요.

맥스 뭐라고? 네 마누라를 부양하는 걸 돕지도 않겠다고. 저놈이 내 아들이라고 생각했는데. 이 더러운 냄새나는 돼지새끼야. 네가 그런 태도를 취한 걸 네 엄마가 들으면 쓰러져 죽었을 거다.

레니 음, 아빠.

레너가 앞으로 나온다.

더 좋은 의견이 있어요.

맥스 뭔데?

레니 우리가 그 비용을 부담할 필요가 없어요. 나는 이런 여자들을 알아요. 한번 시작하면 우리 예산을 거덜내죠. 더 좋은 생각이 있어요. 내가 그 여자를 그리크 스트리트로 데려가는 게 어때요?

사이.

맥스 걔를 영업을 시키겠다 이거냐?

사이.

우리는 걔를 영업장에 내보내자. 그거 참 천재적인 수단이야, 굉장한 생각이야. 네 말은 그 여자가 스스로 돈을 벌 수 있다는 말이지 누워서?

레니 그래요.

맥스 멋지군. 문제는 시간이 짧아야 된다는 거야. 밤새도록 나가 있게 하고 싶진 않아.

레니 시간은 제한할 수 있어요.

맥스 몇 시간이나?

레니 하룻밤에 네 시간이요.

맥스 (의심하면서) 그걸로 충분하니?

레니 하룻밤에 네 시간이면 꽤 벌어올 거예요.

맥스 글쎄, 잘 알아야 한다. 어찌 되었든, 정말로 그 여자를 지쳐 빠지게 해서는 절대로 안 된다 이거야. 이쪽에서도 걔는 의무를 다해야 한다고. 그리크 스트리트 어디에 둬두려고 하니?

레니 꼭 그리크 스트리트일 필요는 없어요. 그 지역 여기저기에 아파트 몇 채를 알고 있어요.

맥스 그러니? 그럼, 나는 뭐야? 나한테도 하나 주지 그러니?

레니 아버지는 섹스 안 하잖아요.

조이 어, 잠깐만, 이게 다 뭐예요?

맥스 레니가 무슨 말하는지 난 알겠어. 레니는 그 여자가 자기 밥값은 낼 수 있다는 거야. 테디, 너는 어떻게 생각하니? 그러면 우리 문제는 전부 해결되겠는데.

조이 어, 잠깐만요. 나는 그 여자를 다른 사람과 나누고 싶지 않아요.

맥스 뭐라고?

조이 나는 그 여자를 여러 놈팡이들과 나눠 갖기 싫어요!

맥스 놈팡이라고! 이 거만한 놈! 거만하기는. (레니에게) 너는 그 여자에게 놈팡이를 제공할 거지?

레니 조이, 나는 아주 저명한 고객들을 확보하고 있어. 네가 절대로 될 수 없을 만큼 훌륭한 사람들이야.

맥스 너를 끼어주는 것만으로도 운 좋다고 생각해야 돼.

조이 그 여자를 남이랑 나눠 갖는다고는 생각하지 않았어요!

맥스 글쎄, 너는 그 여자를 공유해야 해! 아니면 그 여자는 당장 미국으로 돌아가는 거야. 알아듣겠니?

사이.

네놈이 쓸데없이 참견하지 않아도 복잡해 죽겠다. 헌데 걱정되는 게 있어. 혹시 그 여자 기준 미달일 수도 있어, 응? 테디, 네가 제일 잘 알겠지. 그 여자, 제대로 해낼 것 같니?

사이.

약올리는 건 뭐냐 말이야? 그게 버릇이 되는 건 아니야? 그러면 우리는 망하는 거지.

사이.

테디 그냥 러브 플레이에요 . . . 내 생각에는 . . . 그게 다였을 거예요.
맥스 러브 플레이라고? 망할 놈의 두 시간이나? 사랑놀이 하기에는 너무 긴 시간이야!
레니 아버지, 그 점에 대해서 걱정할 필요는 없다고 생각해요.
맥스 네놈이 어떻게 아니?
레니 전문가로서의 의견을 말하는 거예요.

레니가 테디에게로 간다.

레니 테디, 들어봐, 형이 실제로 우릴 도울 수 있겠다. 내가 만약 형한 테, 미국으로 . . . 카드를 보낸다면, 알잖아, 멋진 카드, 이름, 전화 번호랑 있는 거, 별로 튀지 않는 그런 카드 말이야, 그러면 형은 그 걸 . . . 여러 사람들, 이리로 여행 올 사람들에게 나눠줄 수 있잖아.

물론, 거기서 형은 몇 프로 먹는 거지.

맥스 말인즉 걔가 네 마누라라는 것을 말할 필요는 없지.

레니 아니, 다른 이름으로 부를 거예요. 돌로레스나 그런 걸로.

맥스 혹은 스페인에서 온 재키라든지.

레니 아니 아버지, 그런 건 좀 삼가야 해요. 뭔가 멋진 이름으로 불러
　　　야 해요... 씬씨아나... 혹은 질리언 같은.

사이.

조이 질리언이라.

사이.

레니 아니, 테디, 내 말은 형은 교수들을 많이 알잖아, 학과장이라든지
　　　하는 남자들 말야. 그 사람들은 사보이 호텔에 일주일 정도 잠깐 왔
　　　다가 조용히 멋진 섹스를 할 수 있는 장소가 필요하겠지. 그리고 물
　　　론 형은 그들에게 비밀 내부 정보를 줄 수도 있을 거고.

맥스 물론이지. 너는 그 사람들에게 적절한 데이터를 제공할 수 있지.
　　　그 여자가 기꺼이 할 수 있는 것들 말이지. 남자들의 변덕과 기호에
　　　맞춰서 그 여자가 얼마까지나 기꺼이 갈 것인지. 응, 레니? 얼마만
　　　큼 그 여자는 변화가능한지. 네가 모른다면 누가 알겠니?

사이.

두 달이 되기 전에 우리는 대기자 명단까지 가지게 될 거야.

레니 형은 미국에서 우리의 대리인이 될 수 있어.

맥스 물론이지. 우리는 국제적인 차원에서 말하고 있는 거야! 그러는 동안에 팬암 항공사가 우리에게 할인을 해줄 거다.

사이.

테디 그 여자는 . . . 아주 빨리 늙어 버릴 거예요.

맥스 아니야 . . . 요새 세상에는 안 그래! 공공 의료시설이 있는데? 늙는다고! 어떻게 걔가 늙을 수가 있어? 그애는 인생의 낙을 누릴 텐데.

루스가 옷을 차려입고 계단을 내려온다.

여자, 방으로 들어온다.

여자, 모인 사람들에게 미소를 지으며, 앉는다.

침묵.

테디 루스 . . . 가족들이 당신더러 얼마 더 머물러 달라고 하는군. 일종의 . . . 손님으로 말이지. 당신이 좋다면 나는 상관 안 해. 우리는 집에서 . . . 당신 올 때까지 잘 해낼 수 있어.

루스 모두들 매우 친절하시군요.

사이.

맥스 우리 마음속으로부터 제안하는 거야.

루스 친절하기도 하셔라.

맥스 그러니까 . . . 우리가 좋아서 그러는 거야.

사이.

루스 너무 폐가 될 것 같은데요.

맥스 폐가 된다고? 무슨 말을 하는 거야? 폐는 무슨 폐? 들어봐, 얘기 하나 해주지. 불쌍한 제씨가 죽은 이후, 응, 샘? 이 집에 여자라고는 없었어. 단 한 명도. 이 집 안에 없었어. 너한테 왠지 말해주지. 애들 엄마의 이미지가 너무 소중해서 다른 여자는 . . . 그걸 녹슬게 할 수도 있었을 거야. 하지만 너 . . . 루스는 . . . 너는 사랑스럽고 예쁠 뿐만 아니라 너는 우리 가족이지. 너는 이 집 식구라고. 너는 여기 속해 있어.

사이.

루스 뭉클하군요.

맥스 물론 너는 감동 받겠지. 나도 감동이 되었다.

사이.

테디 하지만 루스, 말해야만 하겠는데 . . . 여기 머물게 된다면 당신은 얼마간이라도 자기 의무를 다해야만 해. 재정적으로 말이지. 우리 아버지는 넉넉하시지 못하거든.

루스 (맥스에게) 안됐군요.

맥스 아냐, 너는 약간만 벌어오면 된다. 그게 다야. 몇 페니 정도. 많이는 말고. 우리는 그저 조이가 권투 선수로서 성공하기를 기다리고 있는 거지. 조이가 성공하게 되면 . . . 음 . . .

사이.

테디 아니면 나와 같이 집에 가도 되고.
레니 아파트를 얻어줄게요.

사이.

루스 아파트요?
레니 그래요.
루스 어디다가?
레니 시내에.

사이.

하지만 당신은 여기서 사는 거예요, 우리와 함께.
맥스 물론 그래야지. 여기가 너의 집이니까. 한 가족이 단란하게 말이야.
레니 밤에 아파트에 두 시간 정도만 갔다와요, 그게 다지.
맥스 두 시간 정도, 그게 다지. 그게 다야.
레니 그러면 여기 사는 비용은 충분히 나오지요.

사이.

루스 방 몇 개짜리 아파트죠?

레니 많지 않아요.

루스 적어도 방 세 개와 욕실은 있어야 돼요.

레니 방 세 개와 욕실이 필요하지는 않죠.

맥스 욕실은 필요할 거다.

레니 하지만 방 세 개는 필요 없어요.

사이.

루스 필요해요. 정말로.

레니 두 개면 되지.

루스 아니. 두 개로는 부족해요.

사이.

나는 옷 방과 휴게실 그리고 침실이 있어야 돼요.

사이.

레니 좋아, 방 세 개와 욕실 달린 아파트를 구해주죠.

루스 어떤 편의를 누리게 되죠?

레니 모든 편의를 다.

루스 전용 하녀도?

레니 물론이지.

사이.

처음에는 우리가 돈을 대줄게요, 그리고 당신이 자리를 잡게 되면
그 돈을 갚아요, 할부로.

루스 응, 아니, 그건 동의 못하죠.

레니 응, 왜요?

루스 초기 경비는 그저 자본의 투자로 봐야 해요.

사이.

레니 알았어요. 좋아요.

루스 물론, 의상은 제공하겠지요?

레니 뭐든지 다 제공하지요. 필요한 것은 뭐든지.

루스 엄청나게 많이 필요할 텐데요. 안 그러면 동의 못해요.

레니 모든 걸 다 갖게 될 거요.

루스 당연히 내가 필요한 것의 목록을 작성한 후 증인 앞에서 당신 서
명을 받아야 해요.

레니 당연히.

루스 고용의 계약과 조건이 모든 면에서 상호간에 만족스러워지도록
확실하게 되기 전에는 계약을 체결하지 않을 거예요.

레니 물론이죠.

사이.

루스 성사될 만한 협상안이 될 것 같군요.

레니 그럴 거요.

맥스 낮에는 물론 자유시간이야. 원한다면 여기서 요리를 조금 해도
      돼.

레니 침대 정리를 한다거나.

테디 모든 사람의 상대가 되어준다거나.

   샘이 앞으로 나온다.

샘 (단숨에)   내가 차를 모는 동안 맥그리거는 내 택시 뒷좌석에서 제씨
      를 따먹었어.

   쉰 목소리를 내더니 쓰러진다.
   가만히 누워 있는다.
   사람들 그를 바라본다.

맥스 뭘 한 거야? 죽어 자빠졌나?

레니 그래요.

맥스 시체라고? 시체가 내 마룻바닥에 있었나? 여기서 끌어내! 여기서
      저놈을 끄집어내!

   조이가 샘을 향해 구부린다.

조이 죽지 않았어요.

레니 한 30초 동안 죽었을 거예요.

맥스 죽지도 못하는군!

레너가 샘을 쳐다본다.

레니 그래요, 아직도 숨이 붙어 있어요.
맥스 (샘을 가리키며) 저놈이 갖고 있던 게 무언지 알아?
레니 갖고 있는 거요.
맥스 그래 갖고 있는 것! 병적인 상상력이야.

사이.

루스 그래요, 매우 멋진 생각 같아요.
맥스 지금 계약할래 아니면 나중으로 미룰까?
루스 아, 나중으로 미룰래요.

테디, 일어선다.
샘을 버려다본다.

테디 런던 공항까지 데려다 달라고 하려 했는데요.

짐가방에 가까이 가, 하나를 집는다.

자, 루스, 당신 짐은 두고 갈게. 지하철 타는 데까지만 가면 돼요.
맥스 자, 아니면 첫 모퉁이에서 좌회전, 그리고 첫 모퉁이에서 우회전, 기억해 둬, 거기서 택시를 잡을 수 있을 거야.

테디 그래요, 그렇겠죠.

맥스 피카딜리 서커스까지 지하철을 타고 가면 십 분밖에는 걸리지 않을 거야, 거기서 공항까지 택시를 타라.

테디 네, 아마 그럴 것 같네요.

맥스 조심해라, 요금을 두 배 물릴 수도 있어. 돌아오는 요금까지 물릴 수도 있어. 육 마일 한계를 넘어가 있거든.

테디 알았어요. 음, 아버지, 안녕히. 안녕히 계세요.

악수를 한다.

맥스 고맙다, 아들아. 자. 말하고 싶은 게 있구나. 너를 만나서 정말 좋았다.

사이.

테디 아버지를 만나서 정말 좋았어요.

맥스 네 아들놈들이 나를 아니? 응? 걔네들이 할애비 사진을 보고 싶어 할까?

테디 그렇고 말고요.

맥스가 **지갑**을 꺼낸다.

맥스 내가 하나 갖고 다니는 게 있지. 여기 하나 있다. 잠깐만. 여기 있구나. 애들이 이걸 좋아할까?

테디 (받으면서) 굉장히 감격할 거예요.

테디, 레니에게로 향한다.

안녕, 레니.

둘은 악수를 한다.

레니 안녕, 테디. 만나서 반가웠어. 여행 잘해.
테디 안녕, 조이.

조이, 움직이지 않는다.

조이 안녕.

테디, 현관문으로 간다.

루스 테디.

테디, 돌아본다.

사이.

날 잊어버리지 말아요.

테디, 나아가며 현관문을 닫는다.

침묵.

세 남자, 서 있다.

루스는 자기 의자에 편하게 앉아 있다.

샘은 그대로 누워 있다.

조이, 방을 천천히 걸어다닌다.

그는 여자의 의자 앞에 무릎을 꿇는다.

그녀, 남자의 머리를 만진다. 가볍게.

남자, 여자의 무릎에 머리를 놓는다.

맥스가 두 사람 위에서 앞뒤로 움직인다.

레니, 가만히 서 있는다.

맥스가 레니를 향한다.

맥스 나는 너무 늙었어, 그렇겠지. 저년은 내가 늙은이라고 생각해.

사이.

나는 그렇게 늙은이는 아닌데.

사이.

(루스에게) 너를 상대하기에는 내가 너무 늙었다고 생각하니?

사이.

이거 봐. 너는 저 덩치 큰 새끼를 언제나 네 것으로 할 줄로 아니? 너는 그놈을 항상 갖게 될 거라고 생각해? 너는 일을 해야 해. 넌 손님을 받아야 해, 이해하겠니?

사이.

사이.

레니, 저년이 알고 있는 거니 . . .

말을 더듬기 시작한다.

우리가 뭘 . . . 뭘 . . . 뭘 . . . 하려는 건지를? 우리가 . . . 무슨 생각을 하는 건지를 말야? 저년이 분명히 알고 있다고 생각하니?

사이.

분명히 알고 있는 것 같지 않아.

사이.

내가 하는 말을 알겠니? 들어봐, 나는 저년이 우리를 배신할 거라는 야릇한 생각이 든다. 너 내기할래? 저년은 우리를 이용할 거야, 우리를 이용할 거라고, 장담할 수 있어! 냄새가 나는 걸! 너 내기할래?

사이.

저년은 결코 . . . 말을 듣지 않을 거야!

맥스, 무릎을 꿇고, 낑낑거리며, 신음소리를 내고 운다.
울음을 멈추고 샘의 몸을 넘어서, 여자의 의자를 돌아 건너쪽으로 기
어간다.

나는 늙은이가 아니야.

남자, 여자를 올려다본다.

내 말 들었냐?

남자, 여자에게로 얼굴을 든다.

키스해 줘.

여자 계속해서 조이의 머리를 가볍게 어루만진다.
레니, 서서 바라보고 있다.

막이 내린다.

가 벼 운 통 증

A Slight Ache

1959년 7월 29일, BBC 제3 라디오 방송에서 초연되었던
『가벼운 통증』은 연극으로는 1961년 1월 18일 아츠 극장에서
마이클 코든 연출로 초연되었다.

캐스트

에드워드	———————	에밀린 윌리엄스
플로라	———————	앨리슨 레가트
성냥 장수	———————	리차드 브리어스

시골 저택, 무대 중앙에 아침식사를 차려 놓은 식탁과 의자 두 개가 놓여 있다. 이 가구들은 후에 치워지며 액션은 우측에 있는 식기보관실과 좌측에 있는 서재에 집중될 것이다. 두 방 모두 무대 장치와 소도구는 거의 사용하지 않는다. 꽃밭과 다듬은 생울타리가 있는 잘 가꾸어진 큰 정원이 무대 뒤편에 있다고 암시되어 있다. 정원 출입문은 관객에게 보이지 않지만 우측 바깥쪽에 있다.

플로라[1]와 에드워드는 아침 식탁에 앉아 있다. 에드워드는 신문을 읽고 있다.

플로라 아침에 인동덩굴 봤어요?

에드워드 뭐라고?

플로라 인동덩굴.

에드워드 인동덩굴? 어디서?

플로라 뒷문 쪽에서, 에드워드.

에드워드 그게 인동덩굴이야? 나는 그게 메꽃이나 뭐 다른 건 줄 알았어.

플로라 인동덩굴인 것 당신도 알잖아요.

에드워드 난 그게 메꽃인 줄 알았다고 하잖아.

사이.

플로라 꽃이 멋지게 폈어요.

에드워드 봐야겠는 걸.

플로라 오늘 아침에는 정원 전체가 꽃밭이에요. 클레마티스, 메꽃이

---

1) 플로라(Flora): 로마의 꽃의 여신 이름.

전부 다 폈어요. 아침 일곱 시에 나가봤어요. 풀장 옆에 서 있었거
든요.

에드워드 메꽃이 피었다고 당신 그랬어?

플로라 그래요.

에드워드 아니, 젠장, 당신이 방금 그런 꽃은 안 피었다고 그랬잖아.

플로라 난 인동덩굴을 말한 거였어요.

에드워드 뭐에 대해서라고?

플로라 (침착하게) 에드워드 - 저기 공구실 바깥에 있는 관목 말이에
요 . . .

에드워드 알았어, 알았어.

플로라 그게 메꽃이에요.

에드워드 그게?

플로라 그래요.

에드워드 응.

사이.

난 그게 동백나무인 줄 알았어.

플로라 아, 천만에요.

에드워드 차 주전자 좀 줘봐요.

사이. 플로라가 차를 따라 준다.

내가 왜 저 화초들을 다 알아봐야 하는지 모르겠어. 그건 내 일이
아니잖아.

플로라 자기 집 정원에 뭐가 자라는지 당신은 정확하게 알고 있잖아
요.

에드워드 정 반대야. 내가 모른다는 게 분명하지.

사이.

플로라 (일어서며) 난 일곱 시에 일어났어요. 풀장 옆에 서 있었죠. 그
고요함. 그리고 꽃이 다 피어 있고. 해는 떠 있고. 당신 오늘 아침
정원에서 일해야 해요. 우리 차양을 설치합시다.

에드워드 차양? 뭐하러?

플로라 해를 가리기 위해서죠.

에드워드 바람이 있소?

플로라 가벼운 바람이요.

에드워드 변덕스러운 날씨야.

사이.

플로라 당신 오늘이 무슨 날인지 알아?

에드워드 토요일.

플로라 일년 중 해가 제일 긴 날이에요.

에드워드 정말?

플로라 여름의 정점이죠, 오늘이.

에드워드 마말레이드 덮어.

플로라 뭐라고요?

에드워드 단지를 덮으라고. 저기 말벌이 있잖아. (신문을 상 위에 버려놓

는다.) 움직이지 마. 가만히 있어. 뭐하는 거야?

　　　사이.

　　　'텔레그라프' 줘봐.
플로라　치지 말아요. 물 거예요.
에드워드　문다고? 물다니 무슨 말이야? 가만히 있어봐.

　　　사이.

　　　내려앉는군.
플로라　단지 속에 들어갈 거예요.
에드워드　뚜껑 좀 줘봐.
플로라　들어갔어요.
에드워드　뚜껑 좀 줘봐.
플로라　내가 할게요.
에드워드　그것 좀 나한테 줘봐! 자 . . . 천천히 . . .
플로라　뭐 하는 거예요?
에드워드　조용히 해. 천천히 . . . 조심스럽게 . . . 단지 . . . 위로! 하하
　　하. 좋았어.

　　　그는 테이블 우측의 의자에 앉는다.

플로라　이제 그놈은 마말레이드 안에 있어요.
에드워드　바로 그렇지.

사이. 여자는 테이블 왼쪽의 의자에 앉아서 '텔레그라프'를 읽고 있다.

플로라 저놈 소리 들려요?

에드워드 들리느냐고?

플로라 윙윙 소리 말이에요.

에드워드 말도 안 돼. 어떻게 그놈 소리를 들어? 저건 흙으로 빚은 뚜껑이라고.

플로라 점점 더 흥분하는데요.

에드워드 쓸데없는 소리. 테이블에서 치워버려.

플로라 그걸 가지고 어떻게 하라고요?

에드워드 싱크에 넣고 익사시켜 버려.

플로라 날아와서 나를 물 거예요.

에드워드 당신을 물지 않아! 말벌들은 물지 않아. 어찌 되었건, 날아 나오지 못할 거야. 그놈은 거기 갇혔어. 마말레이드 속에서, 그냥 거기서 빠져 죽을 거야.

플로라 정말 끔찍한 죽음이군요.

에드워드 반대지.

사이.

플로라 눈에 뭐 들어갔어요?

에드워드 아니, 왜 물어봐?

플로라 눈을 자꾸 꽉 감고, 깜빡거리잖아요.

에드워드 눈에 가벼운 통증이 있어.

플로라 아, 저런!

에드워드 그래, 가벼운 통증. 잠을 못 잔 것처럼.

플로라 에드워드, 잠갔어요?

에드워드 물론 갔지. 계속해서. 언제나처럼.

플로라 그런데도 피곤하군요.

에드워드 피곤하다고 하지는 않았어. 단지 눈에 가벼운 통증이 있다고
했을 뿐이야.

플로라 그러면, 왜 그래요?

에드워드 정말 모르겠어.

사이.

플로라 아, 이런!

에드워드 뭐야?

플로라 보여요. 나오려 하는데요.

에드워드 어떻게 나와?

플로라 구멍으로요. 스푼 꽂는 구멍으로 기어 나오려 하고 있어요.

에드워드 음, 그래. 물론 그렇게는 못하지. (침묵의 사이)
자, 제발이지, 그놈을 죽여버리자.

플로라 그래요. 죽여요. 어떻게 하죠?

에드워드 스푼으로 떠서 끄집어내어 접시에 대고 뭉개버리지.

플로라 날아갈 거예요. 물 거예요.

에드워드 당신 그 말 그만 두지 않으면, 나 여기서 나가버릴 거야.

플로라 하지만 말벌들은 문다고요.

에드워드 말벌은 물지 않아. 쏠 뿐이지. 무는 것은 . . . 뱀이야.

플로라   말파리는 어때요?

사이.

에드워드 (혼자말로)   말파리는 빨지.

사이.

플로라 (주저하면서)   혹시 우리가 . . . 혹시 우리가 오래 기다리면, 질
    식해서 죽을 수도 있겠죠. 마말레이드 속에서 숨막혀 죽을 거예요.

에드워드 (활기있게)   내가 오늘 아침에 할일이 있는 거 당신 알지. 나는
    하루 종일 말벌이나 걱정하면서 보낼 수는 없다고.

플로라   그럼, 죽여버려요.

에드워드   죽이고 싶어?

플로라   그래요.

에드워드   좋았어. 그럼 뜨거운 물주전자 좀 줘봐.

플로라   뭐하려고 그래요?

에드워드   데쳐 버리려고. 나한테 줘봐.

여자가 남자에게 물주전자를 준다. 사이.

자 . . .

플로라 (속삭이면서)   뚜껑을 열까요?

에드워드   아니, 아니, 아니. 스푼 구멍으로 부어 넣을 거야. 바로 . . .
    스푼 구멍으로 말이지.

가벼운 통증 · 159

플로라 들어봐요!

에드워드 뭘?

플로라 윙윙거리고 있어요.

에드워드 사악한 동물이군.

사이.

이상하군, 올 여름 내내, 지금까지 어떤 말벌도 본 기억이 안 나. 왜 그런지 모르겠어. 말벌들이 있었을 텐데 말이야.

플로라 제발.

에드워드 첫 번째 말벌은 아닐 텐데, 그렇지?

플로라 제발.

에드워드 이번 여름의 첫 번째 말벌이라고? 아니야. 그럴 수는 없지.

플로라 에드워드.

에드워드 음음?

플로라 죽여버려요.

에드워드 아, 그래. 단지를 기울여봐. 기울여. 아 . . . 이리로 바로 아래로 . . . 그놈이 못 보게 . . . 바로 그거야!

플로라 됐어요?

에드워드 뚜껑을 열어봐. 자 됐어, 내가 하지. 저기 있네! 죽었어. 괴물 같은 놈. (접시 위에다 짓이겨 놓는다.)

플로라 끔찍한 경험이군요.

에드워드 아주 아름다운 날이야. 정말 아름다워. 오늘 아침 정원에서 일해야겠어. 그 차양은 어디 있지?

플로라 창고에 있어요.

에드워드 끄집어내야지. 이런, 저 하늘 좀 봐. 구름 한 점 없네. 오늘이
  해가 가장 긴 날이라고 했어?

플로라 그래요.

에드워드 좋은 날이야. 뼛속까지 스며드는 걸. 근육까지 느끼겠어. 잠
  시 다리를 좀 뻗어야겠어. 풀 쪽으로 가서. 이런. 저기 꽃이 핀 관목
  좀 봐. 클레마티스야. 얼마나 멋져 . . . (갑자기 멈춘다.)

플로라 뭐예요?

  사이.

  에드워드, 왜 그래요?

  사이.

  에드워드 . . .

에드워드 (탁한 목소리로) 그가 저기 있어.

플로라 누구요?

에드워드 (목소리를 낮춰서, 속삭이며) 빌어먹을, 망할 것. 저놈이 저기
  있어. 뒷문 쪽에 있다고.

플로라 어디 봐요.

  여자가 남자 쪽으로 가서 본다. 사이.

  (가볍게) 아, 성냥 파는 사람이에요.

에드워드 다시 왔어.

플로라 저 사람은 항상 저기 있었어요.

에드워드 왜? 저기서 뭐하는데?

플로라 저 사람은 당신을 방해한 적이 없잖아요, 안 그래요? 몇 주 동안이나 저기 서 있었다고요. 당신은 아무 말도 안 했잖아요.

에드워드 저놈 뭐하고 있는 거야?

플로라 성냥을 팔지요, 물론.

에드워드 웃기는구먼. 몇 시야?

플로라 아홉 시 반이에요.

에드워드 도대체 아침 아홉 시 반에 성냥 가득한 트레이를 들고 뭐하고 있는 거야?

플로라 아침 일곱 시면 와요.

에드워드 일곱 시에?

플로라 항상 일곱 시면 와요.

에드워드 그래, 하지만 당신은 그가 오는 것을 . . . 실제로 본 적은 없지?

플로라 아니, 나는 . . .

에드워드 그런데 저자가 . . . 밤새도록 서 있는 게 아닌지 어떻게 알아?

　　사이.

플로라 에드워드, 저 사람에 관심 있어요?

에드워드 (가볍게) 관심 있냐고? 아니, 아니야, 난 . . . 흥미 없어.

플로라 아주 괜찮은 노인이에요. 정말로.

에드워드 얘기해 봤어?

플로라 아니, 아니요, 얘기해 본 적은 없어요. 목례는 해 봤지만.

에드워드 (왔다갔다 하면서) 두 달 동안, 저놈이 저 자리에 있었어, 당신 알고 있어? 두 달 동안. 난 뒷문으로 나갈 수가 없었다고.

플로라 도대체 왜요?

에드워드 (혼자말로) 긴 풀 사이를 뚫고, 저 뒷문으로 나가 골목까지 가는 게, 얼마나 내게 큰 즐거움을 주었는지 몰라. 그 즐거움을 이제는 빼앗긴 거지. 이건 내 집이란 말이야. 그렇지? 바로 내 대문이라고.

플로라 에드워드, 정말 모르겠어요.

에드워드 망할. 나는 저자가 성냥을 단 한 상자라도 파는 것을 본 적이 없다고. 한 상자도. 거의 놀랄 일도 아니지. 저자는 길을 잘못 들어서 있는 거야. 길도 아니지 뭐. 그럼 뭐야? 저건 수도원으로 가는 골목일 뿐이야. 사람들이 다니는 길이 아니라고. 승려들도 마을에 가고 싶을 때는 . . . 마을로 가는 지름길을 택한다고. 아무도 저 길로는 안 올라가. 정말 성냥을 팔고 싶다면 왜 저놈은 앞문 옆에 있는 한길에 가 서 있지 않지? 모든 게 말도 안 되잖아.

플로라 (그에게 가까이 가서) 왜 이 일에 대해 그렇게 흥분하는지 모르겠어요. 저 사람은 조용하고 해가 없는, 그저 자기 할일을 하는 노인이에요. 해를 주지 않는 사람이라고요.

에드워드 저놈이 해를 줄 거라고 말하지는 않았어. 물론 그는 해가 없지. 어떻게 저자가 무해하지 않을 수 있겠어?

어두워지며 침묵.
플로라의 목소리가, 멀리 집에서 들리다가, 점점 가까워진다.

플로라 (무대 밖에서) 에드워드, 어디 있어요? 에드워드? 어디 있어요,

에드워드?

플로라, 나타난다.

에드워드?

에드워드, 식기실에서 뭐 하는 거예요?

에드워드 (식기실 창문으로 내다보며) 뭘 하냐고?

플로라 여기저기 당신을 찾았어요. 차양은 벌써 내가 쳐 놓았어요. 와
　　서 보니 당신이 안 보이던데요. 밖에 있었어요?

에드워드 아니.

플로라 어디 있었어요?

에드워드 여기에.

플로라 당신 서재를 들여다보았어요. 다락에도 갔었고.

에드워드 (음조의 변화 없이) 내가 다락에서 뭘 했겠어?

플로라 당신에게 무슨 일이 있었는지 감을 못 잡겠더라고요. 지금 열
　　두 시인 거 알고 있어요?

에드워드 그래?

플로라 당신이 창고에 있나 보러 정원 아래 끝까지 갔다고요.

에드워드 (음조의 변화 없이) 내가 창고에서 뭘 했겠어?

플로라 당신 내가 정원에 있는 거 틀림없이 봤지요. 이 창을 통해서 볼
　　수가 있어요.

에드워드 정원의 일부만이야.

플로라 그래요.

에드워드 정원의 한 구석뿐이야. 매우 작은 구석.

플로라 당신 여기서 뭐하는 거예요?

에드워드 아무 것도 아니야. 노트를 뒤지고 있었어. 그게 다야.

플로라 노트요?

에드워드 내 에세이를 위해서야.

플로라 어떤 에세이요?

에드워드 시간과 공간에 대한 내 에세이지.

플로라 하지만 . . . 난 전혀 . . . 그것에 대해서는 알지 못했어요.

에드워드 당신이 모른다고?

플로라 벨기에 령의 콩고에 대한 글을 쓰고 있다고 생각했어요.

에드워드 나는 수년간 시간과 . . . 공간의 영역과 연속성에 대해 연구하고 있소.

플로라 그리고 벨기에 령 콩고요?

에드워드 (쌀쌀하게) 벨기에 령 콩고에 대해서는 신경 쓰지 마.

사이.

플로라 하지만 당신은 식기실에 노트를 두지는 않잖아요.

에드워드 당신 놀랄 거야. 당신은 크게 놀랄 거야.

플로라 도대체, 뭐예요? 황소라도 풀어져 나왔어요? 아니, 성냥장수군요! 이런, 당신 생울타리 틈으로 . . . 그 사람을 볼 수가 있군요. 더 크게 보이네요. 그 사람을 관찰하고 있었어요? 황소처럼 . . . 보이네요.

사이.

에드워드?

사이.

(그에게 가까이 가서) 바깥으로 나갈래요? 내가 차양 세워 놨어요.
하루 중 가장 좋은 시간을 놓쳐버리겠어요. 점심 먹기 전에 한 시간
정도 시간이 있어요.

에드워드 오늘 아침에는 할일 없어.

플로라 에세이는 어떡하고요? 하루 종일 그릇 창고에 있을 생각은 아
니죠, 그래요?

에드워드 나가. 나를 내버려둬.

가벼운 사이.

플로라 정말로, 에드워드. 당신 평생 동안 내게 이런 식으로 말한 적
없어요.

에드워드 아니, 말한 적 있어.

플로라 아, 웨디. 베디-웨디 . . .

에드워드 나를 그렇게 부르지 마!

플로라 당신 눈이 충혈되어 있어요.

에드워드 망할!

플로라 엿보기엔 . . . 여기가 너무 어두워요.

에드워드 빌어먹을.

플로라 바깥은 너무 환하고요.

에드워드 망할!

플로라 여긴 너무 어두워요.

사이.

에드워드 저주받을!

플로라 당신은 그 사람을 두려워하고 있어요.

에드워드 아니야.

플로라 당신은 그 불쌍한 노인을 두려워하고 있어요. 왜죠?

에드워드 아니라니까!

플로라 그는 불쌍한, 무해한 노인일 뿐이에요.

에드워드 아아, 내 눈.

플로라 내가 물로 닦아줄게요.

에드워드 저리 가.

사이.

(천천히) 난 저놈과 이야기하고 싶어. 난 저자와 한 마디 하고 싶어.

사이.

이건 정말, 물론 말도 안 돼. 난 이렇게 괴상한 일이 . . . 내 대문 앞에서 벌어지는 것을 묵인할 수 없어. 결코 묵인하지 않을 거야. 저 인간은 아침내내 아무 것도 팔지 않았어. 아무도 지나가지 않았고. 그래. 수도사 하나가 지나갔지. 담배 안 피는 사람이야. 헐렁한 옷을 입은 사람이지. 그 사람이 담배를 안 핀다는 것은 명백하지. 하지만 여전히 저놈은 노력도 안 했어. 팔려고 애쓰지도 않고, 그 빌어먹을 성냥통 하나라도 없애려는 노력조차 안 했다고. 아침내내 유일한 기회인데, 그는 어떤 노력도 안 했어.

사이.

난 시간 낭비한 게 아니야. 실은 내가 사실을 제대로 파악한 거야. 그놈은 절대 성냥장수가 아니야. 저놈은 성냥장수가 전혀 아니라고. 내가 그걸 전에는 몰랐다니 신기하지. 저놈은 사기꾼이야. 난 저놈을 자세히 관찰했어. 저 작자는 수도사에게 다가가려고 하지도 않았어. 수도사로 말하면, 또한 그에게 다가가려고 하지 않았지. 수도사는 길을 따라 걷고 있었어. 그는 멈추거나 쉬거나, 어떻게든 걸음걸이를 바꾸지 않았어. 성냥장수는 ─ 그렇게 계속 부르다니 얼마나 웃겨. 이건 소극이야. 아니야. 저놈은 뭔가 구린 데가 있어. 내가 그 근본까지 파헤칠 거야. 난 저놈을 제거하고 말 거야. 다른 데가서 물건 팔아도 된다고. 우리 뒷문 앞에서 황소처럼 . . . 서 있는 대신에 말이야.

플로라   저 사람이 성냥장수가 아니라면, 직업이 뭐란 말이에요?

에드워드   곧 알아낼 수 있을 거야.

플로라   저이랑 이야기하러 나갈 거예요?

에드워드   물론 아니지! 저자에게로 나간다고? 물론 . . . 아니지. 저자를 이리로 불러들일 거야. 내 서재로. 그리고 끝까지 파헤쳐 볼 거야.

플로라   에드워드, 왜 경찰을 불러서 저자를 데려가게 하지 않아요?

남자, 웃는다. 사이.

에드워드, 왜 경찰을 부르지 않아요? 저 사람이 공공 방해를 한다고 말할 수 있잖아요. 물론 나를 . . . 방해하는 것은 아니지만.

에드워드 저자를 불러들여.

플로라 내가요?

에드워드 나가서 저놈을 불러들여.

플로라 진심이에요?

사이.

에드워드, 내가 경찰을 부를 수 있어요. 또는 교구 목사라도요.

에드워드 나가서 저놈을 데려와.

여자, 나간다. 침묵.

에드워드, 기다린다.

플로라 (정원에서) 안녕하세요.

사이.

우리는 만난 적이 없죠. 나는 여기 이 집에 살아요. 남편과 저 말이에요.

사이.

혹시나 . . . 저 차라도 한 잔 하실래요?

사이.

아니면 레몬 주스 한 잔이라도? 여기 서 있으면 너무 목마르실 거예요.

사이.

잠깐 들어오시겠어요? 안이 훨씬 시원해요. 당신에게 도움이 될 . . . 하고 싶은 말이 있어요. 단 몇 분이라도 내어 주실래요. 오래 걸리지는 않을 거예요.

사이.

제가 성냥 트레이를 다 팔아드릴까요? 성냥이 다 떨어졌어요. 늘 넉넉히 쟁여두곤 하는데. 이런 일이 생겼네요, 그렇죠? 안에 들어가서 그 얘기를 하죠. 들어오세요. 이리로요. 아, 들어오세요. 우리집은 골동품으로 가득해요. 남편이 수집가거든요. 점심으로는 오리고기를 먹으려고 해요. 당신 오리 좋아하세요?

여자, 문 쪽으로 이동한다.

들어와서 우리와 점심하시죠. 이리로요. 그래요. 제가 팔을 잡아드릴까요? 대문 안에는 쐐기풀이 가득해요. (성냥장수가 나타난다.) 여기. 이리로요. 조심해요. 날씨 좋지요? 일년 중 해가 가장 긴 날이에요.

사이.

그건 인동덩굴이에요. 저건 메꽃이구요. 저건 클레마티스죠. 저기 온실 옆의 화초 봤어요? 그건 자포니카예요.

침묵. 여자가 서재로 들어온다.

플로라 그 사람 왔어요.

에드워드 알아.

플로라 홀에 있어요.

에드워드 그가 온 것 알아. 냄새로 알 수 있어.

플로라 냄새로 안다고요?

에드워드 저자가 내 창문 아래를 지날 때 난 냄새를 맡았어. 집에서 지금 냄새나는 것 모르겠어?

플로라 에드워드, 저랑 무엇을 하려고 그래요? 거칠게 굴거나 하지는 않을 거죠? 아주 노인이에요. 소리를 듣는지, 보는지조차도 모르겠어요. 아주 낡아빠진 옷을 입고 있네요.

에드워드 그자가 무슨 옷을 입고 있는지 알고 싶지도 않아.

플로라 저 사람과 이야기하게 되면 곧 알게 될 거예요.

에드워드 알게 되겠지.

가벼운 사이.

플로라　노인이에요. 당신 . . . 거칠게 굴지는 않을 거죠?

에드워드　그렇게 늙었다면 왜 폭풍을 피할 수 있는 수용소 같은 데 가
　　시 않는 거야?

플로라　폭풍이 없잖아요. 여름이에요. 일년 중 낮이 가장 긴 . . .

에드워드　지난주에는 폭풍이 있었어. 여름 폭풍. 그렇게 자기한테 몰
　　아치는데도 움직이지도 않고 서 있더군.

플로라　그게 언제였어요?

에드워드　주위에 천둥이 몰아치는데도, 꼼짝 안 하고 있더라니까.

　　사이.

플로라　에드워드 . . . 이런 일에 신경 쓰는 것이 현명하다고 생각해요?

에드워드　그에게 들어오라고 해.

플로라　나는 . . .

에드워드　당장.

　　여자, 가서 성냥장수를 데려온다.

플로라　여보세요. 들어오실래요? 나도 곧 올게요. 여기 계단을 올라가
　　세요.

　　사이.

　　점심 전에 셰리 한 잔 드시지요.

사이.

제가 당신 트레이를 들어드릴까요? 아니요. 좋아요, 당신이 들고 가
세요. 그 계단을 그냥 오르세요. 거기 문으로 . . .
(여자, 노인이 움직이는 것을 본다.)
문으로 . . .

사이.

그 위의 문이요. 제가 나중에 . . . 올게요. (여자, 나간다.)

성냥장수, 서재 문턱에 서 있는다.

에드워드 (경쾌하게) 나 여기 있어요. 당신은 어디 있는 거요?

사이.

영감님, 거기 서 있지 말아요. 내 서재로 들어오세요.
(에드워드, 일어선다.) 들어와요.

성냥장수, 들어온다.

좋았어요. 조심하세요. 그래요. 자. 편하게 생각하세요. 이런 날에
는 뭐 다과라도 원하시겠다 생각했어요. 앉으세요, 영감님. 뭘 드실
래요? 셰리요? 더블스카치는 어때요? 응?

사이.

나는 사실 매년 마을 사람들을 대접하고 있지요. 내가 이 지방 지주라고 생각하지는 마세요, 물론 마을 사람들이 나를 존경하기는 하지만요. 사실 우리 마을에 지주가 있다고 생각하지는 마세요. 그 사람 어떻게 되었는지 모르겠어요. 좋은 노인이었지요. 훌륭한 체스 선수로 기억해요. 딸이 셋이었지요. 우리 마을의 자랑이었고. 불타는 빨간 머리 앨리스가 큰딸이었어요, 앉아요. 영감. 유니스가 둘째였지요. 막내가 셋 중 제일 예뻤지요. 샐리. 아니 아니, 잠시만요. 샐리가 아니었지. 그건 . . . 패니었어. 꽃이었죠. 당신은 이곳을 잘 모르죠? 전에 여기 살다 오랜 여행 후 돌아온 것이 아니라면요. 이 지역을 알아요?

사이.

자자, 그렇게 서 있으면 . . . 안 돼요. 앉아요. 어떤 의자가 좋아요? 보다시피, 대단히 다양하지요. 단조로운 것은 질색이니까. 다양한 의자, 다양한 등받이. 내가 작업을 할 때는 의자 하나 펴놓고 몇 글자 끄적대다가 접고, 다른 의자를 꺼내 앉아 생각 좀 하다 치우고 . . . (정신이 나간 채) . . . 다시 앉았다 치우고 . . .

사이.

나는 신학과 철학에 관한 논문을 써요.

사이.

가끔 나는 어떤 열대지방의 현상에 대해서 몇 가지 관찰한 바를 적기도 하지요. 물론 똑같은 관점에서는 아니고. (침묵의 사이) 그래요. 지금은 아프리카죠. 아프리카는 늘 나의 행복한 사냥터예요. 멋진 나라죠. 아세요? 당신도 . . . 여행을 제법 하신 듯한 인상이 드는데요. 혹시 멤분자 산맥을 아나요? 카탐발루 남쪽의 거대한 산맥이죠. 내 기억이 맞다면 프랑스령의 적도부근 아프리카죠. 대단히 다양한 식물과 동물군을 가지고 있습니다. 특히 동물군이요. 고비 사막을 지나면 정말 이상한 풍경들과 접하게 된다는 것을 알고 있죠. 나 자신도 가본 적은 없습니다. 지도를 연구해 봤소. 지도란 정말 멋진 것이지요.

사이.

마을에 사세요? 물론 나도 거길 자주 가지는 않아요. 지나가는 길인가요? 다른 지역에 가는 길이에요? 내 생각에는 여기보다 더 멋진 곳을 찾기는 쉽지 않을 걸요. 이 지역에서 가장 잘 가꾸어진 마을에 주는 상을 정기적으로 타고 있으니까. 앉아요.

자, 내 말 들려요?

사이.

자, 내 말이 들리냐고요?

사이.

당신 연령으로 볼 때 놀라운 평정성을 유지하고 있군요, 그렇죠? 평정이란 말은 . . . 옳은 표현이 아닐 거예요. 여기가 서늘한가요? 바깥보다는 여기가 서늘하겠지요. 오늘 바깥에 안 나가봤어요. 아마 오후내내 정원의 풀장 옆, 차양 아래, 내 테이블에서 작업을 하겠지만요.

사이.

참, 내 아내를 만났죠? 매력 있는 여자예요, 그렇지 않아요? 기운이 많이 남아 있어요. 시종 변함없이 내 곁을 지켜주었어요, 저 여자는. 시종일관 말이지요. 젊었을 때는 몸매도 좋았어요. 멋진 몸매에 불타는 붉은 머리. (갑자기 멈춘다.)

사이.

그래요. 나도 그때는 . . . 지금 당신과 같은 처지였어요, 아시겠어요? 출세하기 위해서 발버둥쳤지요. 나 역시 장사를 했었죠. (킬킬 웃으면서) 아, 그래요. 나도 어떤 건지 알아요─날씨, 비, 여기저기 얻어터지고, 사방팔방에서 . . . 보상은 너무 적고. 겨울은 헛간에서 지내고 . . . 밤을 새가며 계속 논문에 매달리면서 . . . 그래요, 다 해봤어요. 충고하나 해드리죠. 옆에 붙어 있어줄 여자 하나 구하세요.

세상이 뭐라고 하는지는 무시해 버려요. 밀어붙여요. 분발하세요. 돌아오는 게 있을 거예요.

사이.

(웃으면서) 이렇게 내가 수다 떠는 것을 양해해 주세요. 이맘 때는 방문객이 적거든요. 내 친구들은 모두 여름에 외국에 나가 있어요. 나는 집귀신이에요. 소아시아나, 저기 콩고의 아래 지방을 여행할 맘 있어요? 그런데 유럽은? 그건 문제도 안 되죠. 너무 시끄러우니까. 당신도 그렇게 생각할 거예요. 자, 뭘 마실래요? 에일 맥주요? 오렌지 퀴라소 포킨크요? 진저 맥주요? 티아 마리아 어때요? 바트헨 하이머 푹스만텔 라이슬링 과일 술은 어때요? 진하고 그거하고요? 샤토네프 뒤 파프는? 아스티 스푸만트 약간이요? 또는 단순하게 고급 과일술인 피스포터 골트트룁쉔 파이네 아우스레제[2] 어때요? (케셀슈타프 백작이 주인이죠.) 좋아하시는 것 있어요?

사이.

약간 더워 보이네요. 그 털모자를 벗지 그래요? 그건 좀 근질근질할 것 같아요. 하긴 나야 늘 움직임이 자유로워야 한다는 편이었죠. 한겨울에도 거의 옷을 안 입으니까요.

---

2) 아우스레제(Auslese): 아우스레제(독일어)는 추울 때 수확한 과일로 만든 술로 단맛이 강함. 파이네 아우스레제(Feine Auslese) 는 아우스레제 가운데서도 더 고급임.

사이.

저기, 개인적 질문 좀 해도 될까요? 캐묻는 듯하게 보이긴 싫지만
성냥 팔기에는 길을 잘못 택한 것 아니에요? 사람이 거의 없죠, 안
그래요? 물론 배기가스 냄새나 교통 소음은 싫겠지만. 이해할 수 있
어요.

사이.

자세히 봐서 미안하지만 혹시 의안을 꼈나요?

사이.

그 털모자 벗어요, 착한 아저씨. 상자를 내려놓고 편하게 있어요.
이 동네사람들 말대로 말이에요. (노인에게 다가간다.) 재고량이 꽤
나 많다고 해야겠네요. 말해봐요. 우리 둘 사이에서만. 저 상자들
꽉 찬 거예요 아니면 반쯤 빈 게 섞였나요? 아, 그래요. 나도 장사한
적이 있었죠. 착한 마님이 아침 식사하라고 부르기 전에 식전 술이
라도 드실래요? 사과술 한 잔 권할게요. 자... 잠시만요... 뭐 좋
은 게 있어요. 조심해요! 트레이 조심해요!

트레이가 엎어진다, 성냥도 쏟아진다.

아이고, 이건 뭐야...?

사이.

트레이를 떨어뜨렸군요.

사이. *성냥 상자들을 주워든다.*

(툴툴거린다.) 상자들이 다 젖었네요. 젖은 성냥을 팔다니 그건 안
되는 말이죠. 이런 이런. 꼭 곰팡이 같다는 의심이 드는군요. 당신
제품을 잘 돌보지 않으면 이 바닥에서 성공할 수 없어요. (툴툴거리
면서 일어서며) 자, 여기 있어요.

사이.

여기 트레이 있어요.

트레이를 성냥장수 손에 쥐어주고 앉는다.

사이.

자, 들어봐요, 솔직히 말할 게요. 당신이 왜 앉지 않는지 정말 이해
가 안 돼요. 의자 네 개가 맘대로 하라고 놓여 있잖아요. 방석은 말
할 것도 없고요. 당신이 자리를 잡기 전에는 이야기를 할 수가 없어
요. 그때에, 그때에만 당신과 이야기할 수 있단 말이에요. 내 말 알
겠어요? 당신은 도움이 되지 않는군요. (가벼운 사이) 땀을 흘리고
있군요. 땀이 쏟아져 나와요. 그 털모자 좀 벗어요.

사이.

저 구석으로 가요, 그럼. 구석으로. 가요. 저 구석의 그늘진 데로 들어가요. 뒤로, 뒤쪽으로.

사이.

뒤로 가요!

사이.

자, 이제 나를 이해하는군요. 이렇게 말하는 걸 용서해요, 하지만 난 당신이 황소 수준의 이해력을 갖고 있다고 믿었었거든요. 내가 잘못 안 거죠. 당신은 나를 완전하게 이해하고 있죠. 그래. 조금만 더. 조금만 더 오른쪽으로. 아. 이제 거기 됐어. 그늘 속에. 그림자 속에. 좋아요. 이제 내가 요점을 말할 게요. 내가 당신을 이 집으로 왜 불러들였나 분명 궁금해 하고 있죠? 당신은 내가 당신 외모에 놀랐다고 생각하겠지. 잘못 생각한 거예요. 난 당신 모습에 놀라지 않았어요. 난 당신이 놀랍게 생겼다고 전혀 생각하지 않아요. 아냐, 아니에요. 이 방 바깥의 어떤 것도 나를 놀라게 하지 않아요. 사실을 알고 싶다면 당신은 나를 꽤나 역겹게 했어.

사이.

왜 당신이 나를 그토록 역겹게 하냐고? 적절한 질문인 것 같군. 당신은 지주의 딸이었던 패니만큼도 역겹지 않아요. 결국에는. 외모는 다르지만 본질에 있어서는요. 같은 뭔가가 . . .

사이.

같은 . . .

사이.

(낮은 목소리로) 당신에게 묻고 싶은 게 있어요. 왜 당신은 새벽부터 저녁까지 내 뒷문 앞에 서 있는 거요? 왜 성냥을 파는 체하고 있는 거예요? 왜 . . . ? 뭐예요? 망할. 당신 떨고 있군. 당신 축 늘어지는군. 이리 오세요. 이리 와요 . . . 트레이 조심해요!
(에드워드, 일어서서 의자 뒤로 간다.) 자 빨리, 빨리. 거기 앉아요. 여기 앉아요. 앉아. 여기 앉아요.

성냥장수, 비틀거리다가 앉는다. 사이.

아아아! 앉았군요. 마침내. 다행이에요. 피곤할 거예요. (가벼운 사이) 의자 편해요? 세일하길래 샀지요. 이 집에 있는 가구 전부 다 세일하는 데서 산 거요. 같은 곳에서. 내가 젊었을 때죠. 아마 당신도 그랬겠죠. 아마 당신도 그랬겠죠.

사이.

같은 시기에, 아마도!

사이.

(중얼거리면서) 바람을 좀 쏘여야 겠어. 공기를 좀 마셔야 돼.

남자, 문 쪽으로 간다.

플로라!

플로라 네?

에드워드 (매우 지쳐서) 나를 정원으로 데려다 줘.

침묵. 두 인물, 서재 문에서 차양 아래의 의자로 이동한다.

플로라 차양 아래로 와요.

에드워드 아. (앉는다.)

사이.

평화. 여긴 평화롭구나.

플로라 우리 나무들을 봐요.

에드워드 그래.

플로라 우리 나무들이에요. 새소리 들려요?

에드워드 아니, 안 들려.

플로라 아니, 노래하고 있어요. 저 위에서. 날개 치고 있어요.

에드워드 좋았어. 날개 치라고 그래.

플로라 당신 점심을 이리로 내올까요? 차양 아래서, 평화스럽게 먹을 수 있어요, 조용히 한잔 하면서.

사이.

당신의 노인과는 어떻게 되어가고 있어요?

에드워드 무슨 뜻이야?

플로라 무슨 일이 벌어지고 있는 거예요? 그 사람이랑 어떻게 돼가고 있는 거냐고요?

에드워드 잘되고 있어. 우리 매우 잘 지내고 있어. 영감이 약간 . . . 과묵하더군. 다소 내성적이야. 이해할 만하지. 내가 그 사람 처지라고 해도 아마 그랬을 거야. 물론 내가 그 사람 같은 처지가 될 수는 결코 없지만.

플로라 그 사람에 대해서 뭔가 알아냈어요?

에드워드 약간, 약간. 확실한 건 여러 가지 직업을 가졌었다는 거지. 어디 사는지는 불확실해. 그 사람은 . . . 그 사람은 술꾼은 아니야. 하지만 왜 그가 여기 왔는지 이유는 아직 못 캐냈어. 밤이 될 때까지는 머지않아 알아내게 될 거야.

플로라 꼭 그래야만 하나요?

에드워드 그래야만 하냐고?

플로라 (의자의 오른팔걸이에 재빨리 앉아서) 지금 데리고 나갈 수 있어요. 상관없죠. 봤잖아요. 그는 무해하고, 불운하고 . . . 늙었고, 그것뿐이에요. 에드워드 – 들어봐요. 그 사람이 . . . 어떤 계략이나 그런 걸 가지고 온 것은 아니잖아요. 내가 알아요. 내 말은 저 사람은 그저 다른 데 어디에나 서 있듯이 우리 뒷문 앞에 서 있는 거라는 거죠. 다른 데로 갈 거구요. 내가 . . . 그렇게 하도록 할 수 있어요. 약속하죠. 이 일로 그렇게 신경 쓸 이유가 없어요. 그저 머리가 좀 이상해진 노인일 뿐이죠 . . . 그거예요.

사이.

에드워드 당신 착각하고 있어.

플로라 에드워드 –

에드워드 (일어서면서) 당신 속고 있는 거야. 그리고 에드워드라고 그만 불러.

플로라 아직도 그 사람을 무서워하는 것은 아니죠?

에드워드 무서워한다고? 그 사람을? 당신 저자 본 적 있어?

사이.

저자는 젤리 같아. 커다란 황소기름 덩어리 젤리. 똑바로 보지도 못해. 사실 말이지 나는 저 사람이 유리 눈을 끼고 있다고 생각해. 거의 완전한 귀머거리에다가. 거의 . . . 완전히는 아니지만. 서 있는 것도 겨우야. 그런 놈을 왜 내가 무서워하겠어? 아니, 당신은 여자고, 아무 것도 몰라. (가벼운 사이) 하지만 저 사람은 다른 능력을 가지고 있어. 간교함. 저놈은 사기꾼이고 내가 그것을 안다는 것을 저자도 알고 있어.

플로라 저 말예요. 봐요. 내가 저 사람이랑 얘기할게요. 내가 말할게요.

에드워드 (조용하게) 나는 내가 안다는 걸 저자가 알고 있는 것을 알아.

플로라 내가 저자에 대해서 다 알아낼 거예요. 에드워드. 그런다고 약속할게요.

에드워드 그리고 내가 안다는 것을 저자는 알아.

플로라 에드워드! 내 말을 들어요! 저 사람에 대해서 다 알아낼 거예요. 약속해요. 내가 가서 지금 저 사람과 이야기를 할게요. 내가 . . . 샅샅이 알아낼게요.

에드워드 당신이? 웃기는군.

플로라 두고 봐요, 그는 내가 오리라고 생각치 못하고 있어요. 내가 그 사람을 놀래킬 거예요. 그는 뭐든지 . . . 다 인정할 거예요.

에드워드 (부드럽게) 그가 다 인정한다고, 저자가?

플로라 기다리고 보기나 해요, 당신은 그냥 —

에드워드 (불만의 소리를 내며) 무슨 계략을 꾸미는 거야?

플로라 난 내가 무슨 일을 해야 할지 정확히 알고 있어요.

에드워드 무슨 계략을 꾸미는 거야?

남자, 여자 팔을 잡는다.

플로라 에드워드, 아파요!

사이.

(위엄 있게) 내가 준비되면 창문에서 손을 흔들게요. 그러면 올라와요. 내가 진실을 알아낼게요, 장담해요. 당신은 너무 고압적이에요, 모든 면에서. 에드워드, 당신은 자기 아내를 더 신뢰해야만 해요.

당신은 아내의 판단을 믿고, 그녀의 능력에 대한 보다 큰 통찰력을 가져야 해요. 여자는 . . . 남자가 반드시 실패하는 경우에도 여자는 종종 성공한다는 것, 당신도 알죠.

침묵, 여자, 서재로 들어간다.

들어가도 될까요?

문이 닫힌다.

편안하세요?

사이.

아, 햇빛이 정면으로 비치는군요. 그늘에 앉지 않으실래요?

여자, 앉는다.

오늘이 일년 중 낮이 제일 긴 날이에요. 아셨어요? 정말 한 해가 날아가 버렸군요. 크리스마스와 그 끔찍한 서리 생각이 나요. 그리고 그 홍수. 홍수났을 때, 당신이 여기 안 계셨기를 바래요. 물론 우리는 위험구역 바깥이었지만, 계곡에서는 전 가족들이 급류에 떠내려간 기억이 나네요. 온 나라가 호수가 되었다니까요. 모든 게 멈췄어요. 우리는 저장식품만 먹고 살았고, 말오줌나무열매 술을 마시면서 다른 나라 문화를 공부할 수 있었죠.

사이.

아세요, 당신을 어디선가 만난 것 같은 느낌이 들어요. 홍수 나기 훨씬 전에요. 당신은 훨씬 젊었죠. 그래요. 확실해요. 우리끼리 얘긴데 당신 밀렵꾼이었던 적 있어요? 난 밀렵꾼이랑 한 번 부닥친 적이 있어요. 무시무시한 강간이었죠, 야수 같은 놈. 저 위의 언덕에 소들이 지나가는 길에서였죠. 이른 봄이었고. 나는 망아지를 타고 나갔어요. 길가에 남자가 누워 있었어요. 겉으로 보기엔 다친 것 같았어요. 엎드려 누워 있었다고 기억해요. 마치 죽도록 폭행을 당한 사람처럼, 어떻게 알겠어요. 나는 말에서 내려 그에게 갔고, 그는 일어났고, 나는 넘어지고 말은 계곡으로 도망갔어요. 나무 사이로 하늘을 보았어요, 파란. 온몸이 진흙에 잠기고. 필사적인 싸움이었죠.

사이.

난 지고 말았어요.

사이.

물론, 그 시절 삶이란 위험이 가득한 것이었죠. 그건 동반자 없이 혼자 나간 최초의 구보였지요.

사이.

몇 년 후, 내가 우리 군의 치안 판사가 되었을 때, 그가 법정에 앉아 있었어요. 그는 밀렵 때문에 거기 온 거예요. 그래서 난 그 사람이 밀렵꾼인 줄 알았어요. 증거는 희박했고, 인정할 수 없는 것이라, 경고를 줘서 내보내는 식으로 그를 방면했어요. 그는 붉은 수염을 길렀더군요. 기억나요. 그래요. 고약한 냄새 나는 놈이었어요.

사이.

당신 땀 흘리고 있군요, 그렇죠? 이마를 닦아 드릴까요? 내 쉬폰 형겊으로? 더워서 그래요? 아니면 답답해서? 혹은 닫혀진 공간 때문에? 또는 . . . ? (여자, 노인에게 다가간다.) 실은, 날씨가 선선해지고 있어요. 곧 땅거미가 질 거예요. 벌써 졌을지도 몰라요. 해도 돼요? 괜찮아요?

(사이. 여자, 노인의 이마를 닦아준다.)
아, 거기, 훨씬 낫네요. 그리고 당신 뺨이랑. 이건 여자 일이죠, 안 그래요? 그리고 내가 가까이 있는 유일한 여자예요. 자요.

사이. 여자, 의자의 팔에 기댄다.

(친근하게) 말해봐요, 당신 여자 있어요? 당신 여자 좋아해요? 당신 여자 . . . 생각해 본 적 있어요?

사이.

당신 한 번이라도 . . . 여자를 붙잡은 적 있어요?

사이.

당신 한때는 정말 멋있었을 것 같아요. (여자, 앉는다.) 지금은 아니지만, 물론이요. 당신 고약한 냄새가 나요. 고약한, 실은 무척 불쾌해요.

사이.

섹스란 당신에겐 아무 의미가 없겠죠. 섹스란 게 다른 사람에게는 매우 중요한 경험이란 생각, 해봤어요? 정말, 당신이 그렇게 끔찍하지 않다면 나를 즐겁게 할 수 있을 텐데. 당신 나름으로 정말 재미난 사람이겠지요. (유혹적으로) 사랑에 대해서 모두 말해봐요. 내게 사랑에 대해서 말해줘요.

사이.

당신이 이 순간 무슨 말을 하고 있는지 정말 모르겠네요. 정말 넌 더러나요. 소녀시절에 내가 사랑했다는 걸 . . . 내가 사랑했다는 걸 . . . 내가 순진하게 흠모했다는 걸 아세요 . . . 도대체 무슨 옷을 입고 있는 거예요? 스웨터예요? 뭐가 찐득 달라붙어 있네요. 진흙에서 굴렀어요? (가벼운 사이) 진흙에서 구른 것은 아니시죠, 그래요? (여자, 일어서서 노인에게로 간다.) 스웨터 아래 뭘 입었어요? 좀 봐요. (가벼운 사이) 내가 간지럽히는 것은 아니죠, 그런가요? 아니. 맙소 . . . 사, 이거 조끼예요? 정말 독특하네요. 정말 독특해요. (여자, 노인 의자 팔걸이에 앉는다.) 흠, 당신은 몸이 단단한 노인네군요, 정말로. 전혀 젤리 같지 않아요. 당신에게 필요한 것은 목욕하는 거예요. 멋진 비누거품 목욕. 그리고 박박 미는 거죠. 멋지게 거품 목욕을 하면서 미는 거죠. (사이) 안 그래요? 좋겠지요? (여자, 남자를 팔로 감싼다.) 내가 당신을 붙들어 둘 거예요. 내가 당신을 지켜줄게요, 이 끔찍한 양반, 당신을 바어너버스[3]라고 부를 거예요. 어둡지 않아요. 바어너버스? 당신 눈, 당신의 눈, 당신의 큰 눈.

사이.

내 남편은 당신 이름을 짐작도 못했을 거예요. 결코. (여자, 노인 발앞에 무릎 꿇는다. 속삭이면서) 당신이 기다렸던 건 나였죠, 그렇죠? 당신은 나를 기다리며 서 있었던 거죠. 숲 속에서 앞치마, 예쁜 데이지 앞치마를 두르고, 데이지를 따던 나를, 당신은 봤던 거죠, 그리고 불쌍한 양반, 당신은 내 문앞에 와 서 있었죠, 죽음이 우리를 갈라놓을 때까지. 불쌍한 바어너버스, 당신을 재워야겠군요. 당신을 잠자리에 들게 하고, 지켜줄 거예요. 그런데 우선 당신은 한바탕 대단한 목욕을 해야겠어요. 당신에게 어울리는 예쁜 작은 소품들을 사줄게요. 가지고 놀 수 있는 예쁜 장난감들. 당신의 임종자리에서. 왜 당신이 행복하게 죽으면 안 돼요?

---

3) 바어너버스(Barnabas): 성적인 순결을 강조했던 바울과 의견대립을 보였던 초창기 기독교 성인의 이름.

홀에서부터 외침소리.

에드워드 음?

(무대 뒤쪽에서 발소리)

저기?

플로라 들어오지 말아요.

에드워드 그래?

플로라 그는 죽어가고 있어요.

에드워드 죽어간다고? 그는 죽어가고 있지 않아.

플로라 그 사람 매우 아프다니까요.

에드워드 그는 죽어가고 있지 않아! 당치도 않은 소리. 그 사람은 당신이 화장되는 걸 보고 말 거야.

플로라 저인 지독하게 아프단 말이에요!

에드워드 아프다고? 이 거짓말쟁이 여편네야. 설거지통으로 꺼져버려!

플로라 에드워드 . . .

에드워드 (거칠게) 설거지통으로 꺼지라니까!

여자, 밖으로 나간다. 사이.

(침착하게) 안녕하세요. 왜 어두운데 앉아 계세요? 오, 옷을 벗기 시작하셨군요. 너무 더워요? 창문을 열도록 하죠, 그리고, 뭐요?

남자, 창문을 연다.

블라인드를 내려요.

남자, 블라인드를 내린다.

그리고 커튼을 . . . 다시 . . . 닫아요.

남자, 커튼을 닫는다.

공기가 옆의 틈새로 들어올 거예요. 블라인드 틈으로. 그리고 커튼 사이로 새어나오겠죠. 그러길 바래요. 우린 질식하고 싶지 않거든 요, 그렇죠?

사이.

좀더 편안해졌나요? 그래요. 어두운 데서 보니까 달라 보이는군. 옷을 다 벗어요, 원하시면. 편하게 하세요. 옷을 홀딱 벗으세요. 당신 집에서 하듯이 말이에요.

사이.

뭐라고 했어요?

사이.

뭐라고 했어요?

사이.

뭐든지요? 그럼, 어린시절 얘기를 해줘요. 네?

사이.

어떻게 보냈어요? 달리기? 수영? 축구? 축구를 했었다고? 포지션은?
레프트 백? 골키퍼? 첫 번째 후보선수?

사이.

나도 운동을 했었죠. 대부분 시골 저택에서 하는 시합이었지만. 포
수를 하고[4] 칠 번을 쳤죠.

사이.

포수를 하고 칠 번을 쳤다고. 캐번디쉬라고 불리던 사람이 당신 스
타일이었던 생각이 나요. 삼주문 너머로 왼팔로 공을 던지고, 늘 모
자를 쓰고, 혼자 하는 휘스트[5] 놀이의 명수고, 무엇보다도 승부놀
이를 좋아했죠.

사이.

---

4) 포수를 하고: 원문은 'kept wicket' 로 직역은 '삼주문 뒤에서 수비를 보다' 이지만
포수를 'Wicket Keeper' 라고 부르는 것으로 보아 여기서는 '포수를 하다' 로 해
석하였다. 에드워드는 크리켓 경기를 묘사하고 있다.
5) 휘스트(whist): 2명이 1조가 되어 함께하는 카드놀이.

비가 와서 필드가 물바다가 된 날에는.

사이.

당신은 크리켓은 안 할지도 모르겠군요.

사이.

당신은 캐번디쉬를 만난 적도 없고 아마 크리켓을 해본 적도 없겠지요. 보면 볼수록 당신은 크리켓 선수처럼 보이지 않거든요. 그 시절에는 어디에서 살았었나요? 빌어먹을, 난 당신에 대해서 뭔가 알 권리가 있어요! 당신은 내 망할 집구석에, 내 영토 안에서, 내 술을 마시고 내 오리고기를 처먹으면서 있다고요. 이제 배를 채우고 나니까, 산더미처럼, 허물어지는 더미처럼 앉아 있군요. 내 방에서. 내 골방에서. 난 기어 . . . (갑자기 멈춘다.)

사이.

재미있다고 생각돼? 웃는 거야?

사이.

(넌더리를 치며) 하나님, 맙소사! 당신 얼굴에 그거 미소야? (더 넌더리를 치며) 찌그러들었군. 한쪽으로 완전히 기울었어. 웃고 있군.

재미있나 보군, 그래? 내가 이 방을 얼마나 잘 기억하고 있는지, 이 골방을 얼마나 잘 기억하는지 말할 때. (중얼거리면서) 하. 어제 막, 분명하고, 분명히 너무나 분명해졌어.

사이.

정원, 또한, 빗속에서, 태양 속에서, 뚜렷하게 투명해졌어.
내 골방 역시 선명하게, 내 목적을 위해서 정리되어 . . . 만족스러울 만큼.

사이.

집 또한 잘 닦여 있고, 모든 계단의 난간도 잘 닦여 있고, 계단의 양탄자 누르개 막대와 커튼의 막대까지도.

사이.

내 책상도 잘 닦여 있고, 내 캐비닛도.

사이.

나도 잘 닦여 있었지. (향수에 젖어서) 나는 언덕에 서서 망원경으로 바다를 바라볼 수 있었지. 돛이 세 개 달린 수쿠너 선의 길을 따라, 몸 상태가 좋은 것을 느끼고, 나의 근육과 근육의 유연함을 인식하고, 망원경을 들기 위해서 내 팔들을 들고, 안정되게, 떨지 않고, 내

목표는 완전하지, 난 뜨거운 물을 스푼 구멍으로 불어넣을 수 있어, 그래 쉽게요, 어려움 없이, 나의 파악하는 힘은 확고하고, 나의 지휘권은 확립되어 있고, 내 삶은 설명될 수 있고, 나는 절벽을 향해 산보할 준비가 되어 있지, 뒷문쪽으로 향한 길을 따라서, 길게 난 풀을 헤치고, 쐐기풀을 걱정할 필요는 없지. 나의 전진은 부드러웠지. 온갖 종류의 찬탈자, 평판 좋지 않은 놈들, 나를 깔아뭉개려는, 나의 평판을 뭉개려는 일련의, 문자 그대로 일련의 놈들에 대한 나의 긴 저항 이후에 나의 지휘권은 확립되었지, 여름내내 나는 아침을 먹고, 경치를 둘러보고, 내 망원경을 들고, 내 생울타리에 삐죽 나온 것들을 검사하고, 수도원을 지나는 좁은 길을 따라, 언덕을 올라서, 렌즈를 맞추고, (망원경을 든 흉내를 낸다.) 돛대 세 개가 달린 스쿠너 가는 길을 보고, 나의 진로는 확실하고, 부드러웠어 . . .

사이. 그는, 팔을 떨어뜨린다.

그래, 그래, 당신이 맞아, 이건 웃기지.

사이.

그 망할 머리가 돌아버리도록 웃어봐! 계속해. 나는 신경 쓰지 말아. 예의지킬 필요 없어.

사이.

좋았어.

사이.

당신 말이 옳아, 웃기는군. 내가 당신과 함께 웃어주지!

남자, 웃는다.

하, 하, 하! 그래! 당신도 나와 함께 웃고 있고, 나는 당신과 함께 웃고 있고, 우리는 같이 웃고 있는 거야!

남자, 웃다가 멈춘다.

(밝게) 내가 당신을 왜 이 방으로 불러들였느냐고? 그게 당신의 다음 질문이, 그렇지? 당연히 그럴 테지.

사이.

그런데, 왜 안 되느냐고 하겠지? 나의 가장 오랜 친구. 나의 가장 가깝고 소중한. 나의 친척. 허나 편지 왕래를 했더라면 만족스러웠겠지, 더 만족스러웠겠지. 우리는 엽서를 교환할 수 있었어, 그렇지? 뭐라고요? 풍경들, 그렇지? 바다와 땅, 도시와 마을, 시와 시골, 가을과 겨울 . . . 시계탑 . . . 박물관 . . . 성 . . . 다리 . . . 강에 대한 . . .

사이.

당신이 뒷문에 그렇게 바싹 다가와 서 있는 것을 보는 것과는 전연 같은 일이 아니었어요.

사이.

뭐 하는 거요? 모자를 벗는군 . . . 안 그러기로 했잖아. 아니, 좋아. 모든 것을 고려할 때, 내가 당신이 누군가 다른 사람과 닮은 것을 확인하기 위해서 모자를 벗으라고 말하려는 각별한 의도를 갖고 이 방에 초대했던 것이었던가? 답은 노야, 확실히 노지, 나는 그러지 않았어. 왜냐면 내가 당신을 처음 보았을 때 당신은 모자를 쓰고 있지 않았어. 사실은, 머리에 아무 것도 쓰고 있지 않았지. 머리가 없으니까, 아니 모자가 없으니까, 머리에 쓴 게 없으니까 아주 달라 보였어. 사실, 매번 당신을 볼 때마다 당신은 전과 아주 달라 보였어.

사이.

지금도 당신은 달라 보여요. 매우 달라 보여.

사이.

인정해, 내가 간혹 선글라스를 끼고 그 사이로 당신을 지켜보았다는 것, 그래, 때로는 연한 색안경을 끼고 지켜보았다는 것, 그리고 다른 경우에는 맨눈으로도 보았다는 것, 또 다른 경우에는 식기실 창문으로 또는 지붕, 지붕에서, 그래요, 휘몰아치는 눈 속에서 또는 짙은 안개 속 차도 끝에서, 또 눈멀게 하는 태양 속 지붕 위에서, 너무 눈부시고, 너무 뜨거워서 나는 한곳에 버티고 있기 위해 깡총 뛰고 펄떡 뛰고, 공처럼 튀어올라야만 했지. 아, 웃을 만한 일이지, 그렇지? 포복절도할 만한 일이지? 계속해, 그러면. 웃어버려. 자신을 팽개쳐. 제발 . . . (남자, 숨을 죽인다.) 울고 있군 . . .

사이.

(마음이 뭉클하여) 웃고 있는 게 아니었어. 울고 있군.

사이.

눈물을 흘리고 있군. 슬픔으로 떨고 있군. 나 때문에. 믿을 수가 없어. 내 곤경 때문에. 내가 잘못한 거야.

사이.

(기운차게) 자, 자, 그만해. 남자답게. 제발 코를 풀어. 자신을 추스려요.

재채기를 한다.

아.

남자, 일어선다. 재채기.

아, 열이 있군. 실례해요.

남자, 코를 푼다.

감기에 걸렸어. 병균이. 내 눈에. 오늘 아침에. 내 눈에. 내 눈.

사이. 남자, 마루로 쓰러진다.

내가 당신을 보는 게 힘들었다는 것이 아니고, 아니, 아니, 내 시력
이 문제가 아니라, 내 시력은 훌륭해 — 겨울에 나는 폴로 반바지만
입고 뛰어다니니까. — 아니, 내 시력의 문제가 아니라 나와 대상물
간의 공기의 변화 때문이야 — 울지 말아요 — 공기의 변화, 나와
내 대상물 사이의 공간에 생겨나는 공기의 흐름, 그것들이 만드는
그림자, 그것들이 취하는 형상, 떨림, 영원한 떨림 — 제발 그만 울
어요 — 뜨거운 안개 때문이 아니야. 물론, 가끔 나도 마음을 가라
앉히기 위해서 은신처를 찾기도 하지. 그래요, 나는 나무나 수풀의
틈을 찾아서, 차양을 세우고 은신처를 만들곤 하지. 그리고 쉬지.
(낮은 속삭임) 그리고 나는 더 이상 바람소리를 듣지 않고 태양을
보지 않았어요. 어떤 것도 들어오지 않고 어떤 것도 내 귀퉁이를 떠
나지 않았어. 나는 폴로 반바지를 입은 채로 옆으로 누워 있었어.
손가락으로 가볍게 풀 잎사귀, 땅꽃이랑, 내 손바닥에 놓여있는 땅
꽃의 흩어지는 꽃잎들을 만지면서, 내 위에는 나무 이파리 무더기
의 시커먼 뒷면이 있고, 하지만 그건 내가 잎이 검고, 꽃잎이 떨어

진다고 말한 다음의 일이지. 그리고 나는 아무 말도 안 했어, 어떤 이야기도 하지 않았고 일들이 내게 벌어졌는데 나의 은신처에서, 그늘과 꽃잎들은 자기들끼리 움직였고, 자신의 몸을 내게 밀어붙였고, 어떤 것도 내 피난처에는 들어오지 못했고, 어떤 것도 떠나지 않았어.

사이.

하지만 그런데, 때가 왔어. 바람과 소용돌이, 뒷문에서 먼지가 일어나고 있는 것, 키 큰 풀들이 서로를 베고 있고 . . . (천천히, 공포에 질려서) 당신 웃고 있군. 당신 웃고 있어. 당신 얼굴, 당신 몸. (혐오감과 공포를 억누르면서) 흔들고 . . . 헐떡이며 . . . 흔들고 . . . 떨면서 . . . 흔들고 . . . 몸을 움찔거리면서 . . . 흔들면서 . . . 당신은 나를 비웃고 있어요! 아아아아아아!

성냥장수, 일어난다. 침묵.

당신은 젊어 보여. 당신은 이상하게 . . . 젊어 보이는군요.

사이.

정원을 살펴보고 싶어? 아주 밝을 거야, 달빛 아래서. (약해지면서) 나도 당신과 함께 . . . 설명하고 . . . 정원을 . . . 보여주고 . . . 식물들을 . . . 설명하고 . . . 내가 달리던 곳, 훈련할 때의 내 트랙 . . . 나는 하우웰즈에서 일등 단거리 주자였어. 풋내기, 풋내기에 불과한 것이 . . . 내 힘의 두 배나 되는 놈들을 . . . 이겼을 때 . . . 당신 같은 풋내기시절.

사이.

(단조롭게) 수영장은 반짝거리겠지. 달빛 속에서. 그리고 잔디밭이랑. 잘 기억하고 있어. 낭떠러지. 바다. 돛이 세 개 달린 스쿠너.

사이.

(마지막으로 애를 쓰며 — 속삭임) 당신 누구요?
플로라 (무대 밖에서) 바어너버스?

사이.

여자, 들어온다.

아, 바어너버스. 모든 게 준비되었어요.

사이.

나, 당신에게 내 정원, 당신의 정원을 보여주고 싶어요. 당신은 내 자포니카와 메꽃 . . . 내 인동덩굴, 내 클레마티스를 봐야 해요.

사이.

여름이 다가와요. 당신을 위해 당신의 차양을 쳐놓았어요. 수영장 옆, 정원에서 점심을 드실 수 있어요. 집 전체를 당신을 위해 닦아 놓았어요.

사이.

내 손을 잡아요.

사이. 성냥장수, 여자에게 다가간다.

그래요, 아, 잠시만요.

사이.

에드워드, 여기 당신 트레이가 있어요.

여자, 성냥 트레이를 들고 에드워드에게 건너가 그의 손에 쥐어준다. 그리고 여자와 성냥장수는, 커튼이 서서히 내릴 때 밖으로 나간다.

야간 학교

Night School

....

『야간 학교』는 1960년 어쏘시에이티드 리디퓨션 텔리비전 방송국에서 초연된 후
1966년 9월 25일 BBC 제 3 방송국에서 다음 배우들에 의해
라디오 극으로 공연되었다.

캐스트

애니 ——————— 메리 오 페럴

월터 ——————— 존 홀리스

밀리 ——————— 실비아 컬리쥐

샐리 ——————— 프루넬라 스케일즈

솔토 ——————— 시드니 태플러

몰리 ——————— 프레스톤 락우드

바바라 ——————— 바바라 미첼

메이비스 ——————— 캐롤 마쉬

연출 ——————— 가이 배슨

본문의 작품은 라디오 극 대본임.

거실.

애니 우비 좀 봐라. 마루에 떨어져 있네.

월터 걸어놓을게요. 가방은 이층으로 올려갈게요, 네?

애니 차나 마셔. 어서, 차나 마셔. 짐을 이층으로 가져갈 걱정일랑 말고.

사이.

월터 케이크 맛있는데요.

애니 맘에 들어? 나는 케이크는 못 먹어. 명치끝이 결리거든. 자, 한 쪽 더 먹어라.

월터 집 좋아 보이는데.

애니 네가 오기 전에 한바탕 청소했지.

사이.

그래, 월리, 이번엔 어떤 대접을 받았니, 응?

월터 좋았어요.

애니 이렇게 빨리 올 줄 몰랐어. 이번에는 더 오래 있으리라 생각했거든.

월터 아니, 오래 있지 않았어요.

애니 밀리가 몸이 안 좋아.

월터 왜, 무슨 일이에요?

애니 금방 내려올 거야, 너 오는 소릴 들었거든.

월터 밀리 이모를 위해서 초콜릿을 가져왔는데.

애니 난 초콜릿 싫어.

월터 알아요. 그래서 애니 이모에게는 안 가져왔어요.

애니 기억하고 있었구나, 응?

월터 아, 그럼요.

애니 걔는 이층에서 쉬고 있어. 나는 온종일 계단을 오르락내리락 하는 게 고작이야. 다른 날은 어떠냐고? 난 올라가서 저 커튼을 달았는데 지쳐 죽을 뻔했어. 그런데 밀리가 그런 식으로 해서는 안 된다는 거야. 다르게 해야 한다는 거야.

월터 커튼이 뭐가 문젠데요?

애니 제대로 걸려 있지 않다는 거야. 반대로 걸어야 된다고 하더라고. 다른 방식이 좋다나. 이층에 누워 있어. 내가 밀리보다 나이가 많은데.

애니, 자신과 월터를 위해 차를 더 따른다.

네 편지를 받자마자 나가서 케이크를 샀어.

월터 (한숨 쉬면서) 아, 내가 지난 몇 달 동안 생각해 왔던 것 아세요? 그거 아세요? 몇 달 동안 . . . 여기 다시 돌아와서 . . . 내 침대에 누워서 . . . 창문 옆에서 커튼이 나부끼는 것을 보리라 . . . 편하게 휴식을 취하리라, 응?

애니 저기 이모구나, 혼자 움직이는데. 너는 볕에 좀 그을렸구나.

월터 몇 주일은 좀 쉴 거예요.

애니 그래야지. 바보 같애. 몇 주일 쉬지 않는다면 말야.

사이.

월터 솔토 씨는 어때요?

애니 아직도 이 동네에서 최고로 좋은 집주인이야. 어디를 가더라도 더 나은 집주인은 없을 거야.

월터 이모들도 그 사람에게 좋은 세입자예요.

애니 그는 너무 친절해. 거의 가족 같다니까. 단지 여기 살지 않는다 뿐이지. 사실은 몇 달간 차 마시러도 안 왔어.

월터 돈 좀 꿔달라고 그 사람에게 부탁할까 해요.

애니 밀리가 내려오네.

월터 그 사람한테 몇 백 정도가 뭐 대수예요? 아무 것도 아니지.

애니 (속삭이며) 커튼에 대해서는 아무 말도 하지 마.

월터 응?

애니 커튼에 대해서는 이야기하지 마. 걸개에 대해서는 말이야. 내 커튼 거는 방식에 대해 밀리가 뭐라고 했는지 내가 네게 말한 것에 대해 말이야. 한 마디도 하지 마. 저기 온다.

밀리 들어온다.

월터 (입을 맞추며) 밀리 이모.

밀리 이모가 케이크 좀 주던?

월터 멋진 케이크예요.

밀리 내가 가서 사오라고 그랬어.

월터 이런 케이크는 꼭 아홉 달 동안 못 먹어봤어요.

밀리 길 저 아래서 사온 거란다.

월터 여기, 이모, 초콜릿 가져왔어요.

밀리 내가 초콜릿 좋아하는 걸 안 잊어버렸구나.

애니 내가 초콜릿을 안 좋아한다는 것도 안 잊어버렸어.

밀리 콩은? 콩 들은 거니?

월터 특히 콩 때문에 골랐어요. 콩이 제일 많이 들어 있는 걸로 말이야.

애니 앉아, 밀리. 서 있지 마.

밀리 난 여지껏 앉아 있었고, 또 누워 있었다고. 간간히 일어서기도 해야지.

월터 몸이 안 좋았어요?

밀리 그만그만해. 그저 그만그만해.

애니 나도 겨우 그만그만하단다.

밀리 그래, 언니는 그저 그만그만했어.

월터 자, 이제 내가 돌아왔어, 네?

밀리 이번에는 어떻게 대우하든?

월터 좋았어요. 좋았어.

밀리 언제 다시 돌아가니?

월터 난 돌아가지 않아요.

밀리 월터, 창피한 줄 알아라. 평생의 절반을 감옥에서 보내다니. 도대체 네가 어떻게 될 것 같니?

월터 일생의 절반이라고요? 무슨 말이에요? 두 번이에요, 그게 다예요.

애니 소년원은 어떻고?

월터 그건 계산에서 빼야지요.

밀리 네게 조그만 행운이 온다면, 난 마다하지 않을 텐데, 어떠냐? 너는 움직였다 하면 잡혀가더라.

월터 어찌 되었든, 그건 다 지난 일이에요.

밀리 들어봐, 내가 전에 말했잖니, 너 하는 일에 별 재주가 없다면 다른 걸 시도해 보라고, 작은 사업을 시작한다거나 — 솔토에게 자본을 빌려서, 그 사람은 돈을 빌려줄 거다. 내 말은 네가 대문 밖으로 한 발만 내밀어도 놈들이 잡아다 가두잖니. 그게 뭐야 무슨 소용이 있니?

애니 너 잼 들은 파이 먹을래, 월리?

월터 그러죠.

밀리 (먹으면서) 잼 파이는 어디서 났어요?

애니 모퉁이 가게에서.

밀리 모퉁이 가게에서? 내가 저 아래 가게에서 사오라고 말하지 않았던가.

애니 저 아래 사람한테는 없더라고.

밀리 다 떨어졌어?

애니 오늘 만들기나 했는지 모르겠어.

밀리 어떠니?

월터 아주 맛있어요. (하나를 더 집는다. 먹는다. 사이)

밀리 난 파이는 먹으면 안 돼, 그렇지, 애니?

애니 먹으면 명치끝이 막힌데.

밀리 먹으면 안 돼. 난 부활절 이후 파이를 끊어야만 했어.

애니 월리, 너 감옥에서 파이 못 먹었지, 보나마나.

월터 전혀. 손도 대보지 못한 걸요.

사이.

밀리 그래? 쟤한테 얘기했어?

애니 뭘 말해?

밀리 아직 쟤한테 말 안 했어?

월터 나한테 뭘 말하는데요?

밀리 응?

애니 아니, 아직 안 했어.

밀리 왜 안 했어?

애니 말 안 하려고 했어?

월터 나한테 뭘 말하는데요?

밀리 언니가 쟤한테 말한다고 했잖아.

애니 용기가 없었어.

월터 무슨 일이에요? 도대체 무슨 얘기예요?

사이.

애니 월리, 록 케이크 먹어라.

월터 아니 실컷 먹었어요. 정말이에요.

밀리 어서, 록 케이크 먹어.

월터 못 먹겠어. 꽉 찼어요!

애니 내가 가서 주전자를 채울게.

밀리 내가 갈게.

애니 너는 못 가. 자, 주전자 이리 줘. 너는 못 가. 너는 몸이 안 좋잖아.

밀리 내가 갈래, 어서, 주전자 줘.

애니 내가 차를 끓였는데, 왜 내가 주전자를 채우면 안 돼?

밀리 내 조카를 위해서 내가 주전자를 채워서는 안 돼?

월터 자, 들어봐요, 나한테 말하려는 것이 뭐예요 ― 도대체 무슨 일이
     냐고요? 나는 감옥에서 돌아왔고, 구 개월 동안 나가 있었는데, 회
     복하기 위해 약간의 평화와 안정이 필요하다고요. 여긴 무슨 일이
     에요?

밀리 음 . . . 네 방을 세 놓았단다.

월터 뭘 했다고요?

애니 네 방을 세 놓았다고.

     사이.

밀리 자, 월리야. 얼굴 찡그리지 마. 달리 어떻게 할 수가 없었어, 우린.

     사이.

월터 뭘 했다고요?

애니 우린 네가 없어서 적적했어.

밀리 말동무를 얻은 셈이지.

애니 물론 그렇지.

밀리 도움을 주는 일손을 하나 얻은 셈이야 . . .

애니 넌 네 일생의 절반을 안에서 보내고, 우리는 네가 언제 나올지 몰
     랐어 . . .

밀리 우리는 연금밖에는 받는 게 없어.

애니 그게 우리가 받는 전부야, 우리는 연금밖에는 없어.

밀리 그 여자는 돈도 잘 내, 매주 삼십오 실링 육 펜스를 내지 . . .

애니 매주 금요일 아침마다 방세를 가지고 내려와.

밀리 걔는 자기 방을 잘 간수해, 늘 방의 먼지도 털고.

애니 집안 청소도 좀 도와줘.

밀리 주말에는 . . .

애니 목욕탕도 깨끗하게 쓰고.

밀리 자기 방을 어떻게 꾸몄는지 네가 봐야만 해.

애니 아, 방을 어떻게 꾸몄는지 봐야 해.

밀리 아름답게 만들었어, 정말 이쁘게 만들었어 . . .

애니 침대 옆 탁자용 스탠드도 그애가 장치해 논 거지, 그렇지?

밀리 늘 책보고 공부를 해 . . .

애니 일주일에 사흘은 야간 학교에 가.

밀리 젊은 여자야.

애니 정말 깨끗한 여자애야.

밀리 조용하고 . . .

애니 수수한 여자애야 . . .

사이.

월터 그애 이름이 뭐예요?

애니 샐리야 . . .

월터 샐리 뭐예요?

밀리 샐리 깁스야.

월터 얼마나 오래 있었어요?

밀리 여기 약 — 걔가 언제 왔지?

애니 온 게 한 . . .

밀리 한 넉 달쯤 . . . 여기 있었어 . . .

월터 무슨 일을 해서 먹고 살죠?

밀리 학교에서 가르친다.

월터 학교 선생이라!

밀리 그래.

월터 학교 선생이! 내 방에.

사이.

애니 월리, 너도 걔를 좋아할 거야.

월터 그 여자가 내 방에서 잔다고요!

밀리 간이 침대가 어때서? 넌 여기서 간이 침대를 쓰면 되잖아.

월터 간이 침대라고요? 그 여자가 내 침대에서 잔다고요?

애니 걔는 예쁜 침대보를 사서 침대에 씌웠어.

월터 침대보라고요? 내가 나가서 그애 것 못지않은 침대보를 사올 수 있어요. 침대보 얘기는 왜 하는 건데요?

밀리 월터, 이모한테 고함치지 마. 이모는 귀가 멀었어.

월터 믿을 수가 없어요. 감옥에 갇혔다가 구 개월 만에 집에 왔는데.

애니 그 돈은 꽤 도움이 되었어!

월터 내가 돈 부족하게 준 적 있어요?

밀리 물론이지!

월터 글쎄 . . . 내 잘못은 아니에요. 난 늘 최선을 다했어요.

밀리 그래서 이 모양 이 꼴이니?

월터 아니 뭐, 나를 비난하는 거예요?

애니 네 이모들은 남을 욕하고 다니는 그런 사람이 아니야. 월터.

밀리 나도 살고 남도 살게 하자, 그게 내 모토야.

애니 그리고 나의 모토지.

밀리 그건 항상 나의 모토였어. 누구한테든지 물어봐.

월터 들어봐요, 이모들은 이해 못해요. 여긴 내 집이에요. 나는 여기 살고 있어요. 난 저 방에서 몇 년이나 살았어요.

애니 왔다갔다 했지.

월터 나보고 저 간이 침대에서 자라고요? 저 간이 침대에서 잔 유일한 사람은 그레이스 이모뿐이에요. 그래서 이모는 미국으로 가버린 거구요.

밀리 걔는 알프 이모부랑 오 년이나 거기서 잤다, 그레이스가 그랬지. 그 사람들은 불평 한마디 하지 않았어.

월터 알프 이모부라고! 정말, 이건 나를 한방 먹이네요. 못 믿겠군요. 저 여자가 자고 있는 침대에 대해서 한 마디 할게요.

애니 그게 어떻게 되었는데?

월터 어떻게 된 것 없어요. 그건 내 것이에요. 그게 다야 – 내가 샀어요.

밀리 네가? 내가 샀다고 생각했는데.

애니 그래 맞아. 네가 샀어. 기억난다.

월터 이모가 샀지, 이모가 나가서 골랐지, 하지만 사라고 돈은 누가 줬는데?

애니 그래, 쟤가 맞아. 돈은 쟤가 줬다.

월터 내 말은 . . . 내 망할 놈의 물건들은 어떻게 되었느냐고요? 내 짐 가방은 어떻게 되었어요? 내가 저기 놔뒀던 거요?

애니 그래, 그 여자는 네 물건을 장롱 속에 놔두는 걸 개의치 않더라, 그렇지, 밀리?

월터 물건들? 그건 내 전 재산이에요!

사이.

　그 여자는 나가야 해, 그게 다야.

밀리　걔는 안 나가.

월터　왜 안 돼요?

애니　안 갈 거라니까.

밀리　안 가고 말고. 걔는 그냥 있을 거야.

사이.

월터　(지쳐서)　왜 걔가 간이 침대에서 자면 안 돼요?

애니　그렇게 이쁜 애를 간이 침대에서 재운다고? 식당방에서?

월터　그 여자 이뻐요, 그래요?

밀리　걔 화장대에 있는 미용 크림을 봐야만 해.

월터　내 화장대죠.

밀리　난 스스로를 잘 가꾸는 여자가 좋아.

애니　걔는 매일 밤 열심히 자기 관리를 하지.

밀리　욕실에서 살다시피 해. 아침이고 밤이고. 야간 학교를 가는 날 저
　　녁이면, 나가기 전에 목욕을 하고; 다른 날 밤에는 잠자기 전에 목
　　욕을 해.

월터　잠이 든 다음에는 할 수가 없잖아요. 안 그래요?

사이.

야간 학교라고요? 어떤 야간 학교인데요?

밀리 거기서 외국어를 공부해. 두 개의 외국어 말하기를 배운대.

애니 그애가 집 안을 올라갔다 내려갔다 하는 걸 냄새로 알 수 있어.

월터 냄새를 맡는다고?

애니 멋진 향수를 쓰거든.

밀리 그래, 정말, 걔 냄새는 상쾌해.

월터 그래요?

애니 향수 약간 뿌리는 거야 나쁠 게 없지.

밀리 우리는 향수 조금 뿌리는 것을 탓할 만큼 옹졸하지는 않아.

애니 그애는 신세대야, 그게 다야.

밀리 최신 유행을 따르지.

애니 나도 젊었을 때 그랬어.

밀리 나는 어땠고?

애니 너도 그랬어. 하지만 너는 나만큼 최첨단은 아니었지.

밀리 나도 그랬어. 난 절대 무엇에도 뒤떨어지지 않았어.

사이.

월터 내가 어디 있었는지 그애가 알아요?

애니 응, 물론 알지.

월터 내가 감옥에 갔다고 말했단 말이지요?

애니 그럼, 말했지.

월터 왜인지도요?

밀리 아니, 아니, 왜인지는 말 안 했지.

애니 아니, 아냐, 그건 말 안 했어 . . . 그런데 내 말은 걔는 그것에 대해 개의치 않는다는 거야, 그렇지 밀리? 내 말은 걔가 매우 관심을 갖더라. 아, 굉장히 관심을 갖더라고.

월터 (천천히) 그래요, 그랬어요?

애니 그래.

월터, 갑자기 일어나며 테이블을 친다.

월터 내 짐은 어디다 놔야 해요?

애니 홀에 놔두렴.

월터 홀이요? 그럼 내가 뭘 찾을 때마다 홀로 달려나가야 된다는 거잖아요.

사이.

이런 상태에서 오래 살 수는 없어요. 난 더 나은 상태에 익숙해 있다고. 난 프라이버시에 익숙해져 있죠. 여기는 낮이고 밤이고 어느 때나 그 여자가 돌아다녀요. 여긴 거실이니까. 나는 낯선 사람과 같이 식사를 할 수는 없어요.

애니 걔는 잠만 자고 아침 식사만 하는 거야. 아침은 내가 방으로 올려다 주지.

월터 뭘 먹는데요?

애니 계란 반숙이랑 멋진 베이컨 한 쪽, 굉장히 맛있게 먹어.

월터 일주일에 삼십 오 실링에서 육 펜스를 내고? 이 나라 여기저기 어디서나 삼 파운드 십은 받는다고. 그애가 이모들을 속인 거야. 찬물 더운물, 모든 편리를 다 누리고, 특급 침대에서 아침 식사까지. 걔는 이모들에게 바가지 씌운 거라고.

애니 아냐, 안 그래.

사이.

월터 내 방에다 뭘 놓아 둔 게 있어. 가서 가져와야지.

월터, 나가서 계단을 오른다. 욕실 문이 열리고 샐리가 나온다. 여자, 계단을 반쯤 내려온다. 두 사람 마주친다.

샐리 미스터 스트리트?
월터 그래요.
샐리 만나서 반가워요. 당신 애기 많이 들었어요.
월터 아, 그래요.

사이.

내가 어 . . .
샐리 이모님들 멋진 분이에요.
월터 음.

사이.

샐리 집에 오니까 좋아요?

월터 내 방에다 뭘 놔두었어요. 그걸 가져와야 해요.

샐리 아, 네, 또 봐요. 안녕.

샐리, 자기 방으로 간다. 월터, 뒤따른다.

발걸음 소리, 멈춘다.

월터 내가 좀 . . . ?

샐리 뭐요?

월터 들어가도.

샐리 들어온다고요? 근데 . . . 음, 그래요 . . . 그러세요 . . . 원하시면
요.

남녀, 들어간다. 월터, 문을 닫으며 여자를 따라간다.

미안해요. 모든 게 여기저기 널려 있어서. 하루 종일 학교에 있어
요. 정돈할 시간이 별로 없거든요.

사이.

당신이 다니던 학교에서 내가 가르치고 있는 것 같아요. 초등학교
요.

월터 모퉁이 돌아서요? 그래, 내가 거길 다녔지요.

샐리 내가 당신에 대해서 얼마나 많은 얘기를 들었는지 못 믿을 거예
요. 당신은 이모님들의 대단한 보물이에요.

월터 당신도요.

사이.

샐리 난 여기서 행복해요. 이모님들과 아주 잘 지내요.

월터 그런데 . . . 난 여기서 뭘 꺼내야 해요 . . .

샐리 여기서요? 당신 방에 뭘 두고 왔다고 말한 줄 알았는데.

월터 이게 내 방이에요.

사이.

샐리 이게요?

월터 당신이 내 방을 차지한 거예요.

샐리 내가요? 난 . . . 정말 몰랐어요. 아무도 말해주지 않았어요. 정말 미안해요. 방을 다시 원하세요?

월터 마다하진 않죠.

샐리 아, 이런 . . . 이거 정말 곤란하게 되었네요 . . . 난 여기서 정말 편안하게 지내는데 . . . 내 말은, 여기 아니면 내가 어디서 자겠어요?

월터 아래층에 간이 침대가 있어요.

샐리 아, 난 간이 침대 따위는 안 믿어요, 당신은요? 내 말은, 이건 정말 멋진 침대예요.

월터 나도 알아요. 이건 내꺼니까.

샐리 그럼 내가 당신 침대에서 잤다는 말인가요?

월터 그래요.

샐리 아.

사이.

월터 내가 꺼내야 할 물건이 여기 있어요.

샐리 그러면 . . . 찾아보세요.

월터 약간 은밀한 곳에 들어 있어요.

샐리 내가 나가길 바래요?

월터 괜찮으시다면, 그래 주세요.

샐리 방 밖으로 나가란 말이죠?

월터 일 분도 안 걸릴 거예요.

샐리 뭘 찾는 거예요?

월터 그건 사적인 일이에요.

샐리 총인가요?

사이.

내가 등을 돌리고 있으면 안 될까요?

월터 이 분이요. 그거면 돼요.

샐리 좋아요. 이 분이요.

여자, 방을 나와서 문 밖의 층계참에 서 있는다. 월터, 툴툴거리며 혼
자말을 한다.

월터 저 주름장식 좀 봐. 주름장식 . . . 여기도 저기도 말이야. 망할 놈
의 인형의 집 같군 그래. 빌어먹을 내 방.

샐리의 목소리가 층계참에서 들린다.

샐리 끝났어요?
월터 잠깐만.

옷장을 열고 뒤지기 시작한다.

(혼자말로) 빌어먹을 짐가방이 어디 있지. 잠시만 . . . 이건 뭐야?

큰 봉투 찢어지는 소리.

(조용히) 으아 . . . 허허!
샐리 괜찮아요?
월터 응, 고마워요.

샐리, 방으로 들어온다.

샐리 찾았어요?
월터 네, 고마워요.

남자, 문으로 간다.

뭘 가르치세요 — 발레요?
샐리 발레요? 아니요. 정말 웃기는 질문이네요.

월터 웃기다니요. 많은 여자들이 발레를 가르치죠.

샐리 전 춤 못 춰요.

사이.

월터 저녁 시간을 . . . 방해해서 미안해요.

샐리 괜찮아요.

월터 잘 자요.

샐리 안녕히 주무세요.

점점 어두워진다.

점점 밝아진다.

애니 레몬 머랭 과자 하나 더 드세요, 솔토 씨.

솔토 그러지요.

애니 입에 맞으실 거예요.

솔토 저번에 그놈들이 내게서 소득세를 삼백 오십 파운드나 뜯어내려고 했어요. 거짓말 아니에요. 그놈들에게 말했죠. 너희들 정신나갔구나! 도대체 뭘 하려는 거야, 날 빨리 죽게 만들려고 그래? 나한테 싸구려 삽을 사줘. 난 일어나자마자 아침도 먹기 전에 내 무덤부터 팔 거야. 삼백 오십 니커라고? 내가 그놈들한테 말했어요. 나한테 보여줘 봐. 문서로 된 걸 보여줘 봐, 보여줘. 내가 어디서 그렇게 벌었는가를. 대충 천 파운드는 벌었어야 너희들이 내게 요구한 액수가 되잖아. 걔들은 추정입니다라고 하더군요. 당신의 수입을 추정한 겁니다. 추정이라고? 추정을 누가 했는데? 눈이 이중으로 보이는 장님 양반이 하셨나? 나는 늙은 연금 생활자라고. 일주일에 삼 파운드씩 받아, 추정해 볼 근거를 대보라고! 월터, 말 좀 해봐.

월터 세상에는 나쁜놈이 많아요. 아주 많죠.

애니 노인한테 신경도 안 써요.

밀리 솔토 씨, 그래도 에너지가 여전히 넘치시네요.

솔토 뭐가 넘친다고요?

밀리 에너지요.

솔토 에너지요? 호주의 미개척 오지에서 당신이 나를 봤어야만 했는데. 내가 거기서 북부 사막과 초원을 개척했다고요.

밀리 솔토 씨, 어떻게 결혼을 안 하셨는지 모르겠네요.

솔토 난 늘 홀로 다니는 늑대였죠. 내가 처음 여자의 유혹을 받았을 때, 자신에게 이렇게 말했죠. 솔토야. 행동 조신해라, 그리고 네가 어떻게 가고 있는지 주의해라. 갈 만큼 가고 그 이상은 안 돼. 여자들이 너를 유혹하려면 하라고 해, 하지만 결혼이라? 그건 말도 안 돼.

월터 그게 어디였나요, 호주요? 그리스요?

솔토 호주.

월터 그리스에서 호주까지 어떻게 가셨나요?.

솔토 배로 갔지. 어떻게 갔겠니? 운임대신 일을 했지. 대단한 여행이었어. 난 풋내기였어. 내가 맨손으로 사람을 죽였어. 키가 이 미터가 넘는 마다가스카르에서 온 동인도 선원 놈이었지.

애니 마다가스카르에서?

솔토 물론. 동인도 선원이지.

밀리 알라스카요?

솔토   마다가스카르요.

사이.

월터   그건 과거에 일어난 거죠.

솔토   다시 일어날 거야.

밀리   솔토 씨, 스위스롤 하나 더 드세요.

애니   솔토 씨는 좋은 아내를 만났을 수도 있었을 것 같아요.

솔토   내가 결혼하고 싶기만 하면, 내일 당장 이렇게 해치울 수 있어요!
　　　하지만 난 월리를 닮았어. 나는 외로운 늑대지.

월터   솔토 씨, 폐품 사업은 어때요?

솔토   쉬! 세무 조사원이 같은 질문을 하더군. 난 여러 해 전에 은퇴했
　　　다고 말해줬지. 그자가 내게 왜 납세 신고서 양식에 기입하지 않느
　　　냐고 묻더군. 왜 우리가 보내준 양식에 기입하지 않는 겁니까? 내가
　　　그랬지. 난 신고할 소득세가 없어요, 그게 이유야라고 말했어. 이
　　　지역에서 양식을 제대로 작성하지 않은 사람은 당신뿐이요, 그러
　　　더군. 당신 감옥 가고 싶소? 감옥이라, 나는 말했어, 나처럼 깨끗하
　　　게 사는 늙은이가, 돈 브래드먼[1]을 발견한 사람이, 감옥이라, 이건
　　　국가적인 수치야. 양식을 작성해요, 라고 말하더군, 그러면 아무 문
　　　제가 없을 거예요. 들어봐! 난 이렇게 말해줬어. 이 양식들을 작성
　　　하기 원한다면, 내가 이런 사무적인 일을 해야만 한다면, 나한테 돈
　　　을 좀 줘봐, 내 수고에 대한 보수를 하라고. 일하는 값을 줘. 안 그
　　　럴 거면 네가 작성하고, 나 좀 내버려 놔둬. 삼백오십오 파운드라
　　　고? 있을 수 없는 얘기야.

---

1) 돈 브래드먼(Don Bradman) (1908-2001) : 호주 출신의 전설적인 크리켓 선수.

애니 부인이 있으시면 도움이 될 거예요. 서류를 대신 작성해 줄 수도 있지요.

솔토 그럴까봐 걱정입니다.

밀리 솔토 씨, 커스타드 파이 하나 드세요.

애니 식욕이 여전하시네요.

솔토 지난 번 다녀간 후 식욕을 잘 보존하고 있었습니다.

월터 솔토 씨, 마지막 오신 게 언제였죠?

밀리 자네가 들어가자마자였네.

솔토 내가 수선화를 가져왔었지.

애니 아홉 달 전인데, 기억하고 계시군요.

솔토 잘 지내고 있나요?

애니 뭐가요?

솔토 수선화 말이에요.

애니 아, 죽었어요.

솔토 저런. (먹는다.)

월터 그럼 아저씨는 세 든 사람에 대해 모르시겠네요?

솔토 세 든 사람?

월터 우리 지금 세입자를 두고 있어요.

밀리 학교 선생이에요.

솔토 학교 선생이라고요, 응? 으음. 어디서 자는데요? 간이 침대에서?

월터 이모들이 내 방을 그 여자한테 줬어요.

밀리 애니, 자, 테이블 치우는 것 좀 도와줘.

솔토 호주에서 나를 처음 유혹했던 여자가 –남편을 내쫓고 그 방을 내게 주었지. 몇 년 후에 마블 아취에서 그 작자가 연설하는 걸 보았지. 연설은 괜찮더군, 듣고 보니.

밀리 (접시들을 쌓아올리며) 솔토 씨, 월리에게 몇 파운드만 꿔주시면 안 되나요?

솔토 제가요?

애니 네, 그러면 안 될까요?

밀리 저애가 자립하도록 말이에요.

솔토 자네 출소자 원조 협회에 가보지 그래? 대출을 해줄 거야. 내 말은 자네가 두 번 형을 치렀으니 보증인 몇 명은 있을 거라는 거지.

월터 아저씨는 이백 파운드 정도 없어도 그만 아닌가요.

솔토 여기에 이백 파운드, 저기에 삼백 오십 오 파운드 – 날 뭐라고 생각하는 거야, 은행 지점장이라도 되나?

밀리 솔토 씨, 가지고 가실 수는 없잖아요.

월터 공동 묘지 전체에서 최고 부자가 되고 싶은 거야.

애니 솔토 씨, 이제부터 가는 곳에선 돈은 별 도움이 안 될 겁니다.

솔토 누가 어디에 가는데요?

밀리 자, 아나벨.

애니 솔토 씨, 록 케이크가 남았군요.

솔토 저기 애니 씨, 록 케이크는 놔두시죠.

밀리 아나벨.

애니와 밀리가 접시를 들고 나간다.

솔토 월리, 나도 자네를 도와줄 수 있었으면 좋겠어. 진심이야. 하지만 돌아가는 게 빡빡해. 저번 날 크로스 더블을 여섯 개 했는데, 셋은 결승점에 들어왔어. 네 번째 놈은 마지막 허들에서 류마티즘이 발병한 거야. 난 이틀 동안 밥도 못 먹었어.

월터 도와만 주시면 잘할 수 있어요. 나 이제 제대로 살아보려고요.

솔토 왜, 범죄자 생활이 지겨워졌나?

월터 난 잘 못해요. 너무 여러 번 체포되었어요. 난 재주가 없어요.

솔토 자네 아직도 우체국 통장 위조하나?

월터 그렇습니다.

솔토 그건 헛수고야. 내가 전에 말했잖아. 위조범이 되려면 재능이 필요하다고.

월터 난 위조범 되기에는 부족해요.

솔토 자네는 형편없는 위조범이야.

월터 그래서 늘 걸리는 거예요.

솔토 난 언제든지 자네보다 위조를 잘할 수 있어. 하지만 난 위조는 안해.

월터 난 재능이 없어요.

솔토 위조범이란 자기 일을 사랑해야 해. 자네는 자네 일을 사랑하지 않아. 월터, 그게 자네 문제야.

월터 아저씨가 제게 이백 파운드만 빌려주시면 저는 성실하게 살 수 있어요.

솔토 월리, 나는 늙은 연금 생활자일 뿐이야. 도대체 무슨 말을 하는 거냐?

월터 내 방을 되찾을 수만 있다면! 자리를 잡고, 여러 가지 일에 대해 생각할 수 있을 텐데.

솔토 그래, 그런데 이 학교 선생이란 건 누구야? 도대체 뭐가 어찌된 거야?

월터 (격식 차리지 않고) 자 봐요, 보여드릴 게 있어요.

솔토 뭔데?

월터　이 사진이요.

솔토　이게 누구야?

월터　내가 찾고 싶은 . . . 여자예요.

솔토　이 여자가 누군데?

월터　그걸 알아내고 싶어요.

솔토　우린 그저 문서 위조와, 자네 방과 그리고 학교 선생에 대해서 이야기하고 있었어. 이게 도대체 그거랑 무슨 상관이야?

월터　사진 안에 있는 것은 나이트 클럽이죠?

솔토　확실하지.

월터　여자는 호스테스죠, 그렇지 않아요?

솔토　물론이지.

월터　어디 있는지 알아낼 수 있겠어요?

솔토　내가?

　　사이.

월터　이 남자들 중 누구라도 아는 사람 있어요? 이 여자랑 같이 있는 남자들 말이에요?

솔토　아 — 아, 한 명은 . . . 낯이 익는데.

월터　절 위해 이 여자를 좀 찾아주세요. 중요해요. 도와주시는 셈치고. 아저씨는 제가 아는 사람 중 이 여자를 찾을 수 있는 유일한 분이에요. 이런 클럽들을 아시죠.

솔토　이 여자를 아나?

　　사이.

월터 아니요.

솔토 응, 사진은 어디서 구한 기야?

월터 그냥 구했어요.

솔토 무슨 일이야? 사진이랑 사랑에 빠졌나?

월터 그래요. 바로 그래요.

솔토 그래 . . . 매우 매력적인 여자야. 어여쁜 여자군. 좋았어, 윌리. 내가 찾도록 노력해 보지.

월터 고마워요.

현관문이 소리내어 닫힌다.
계단을 오르는 발소리.

솔토 저게 누구야?

월터 우리 집 세든 사람이에요. 학교 선생이요.

점점 어두워진다.

점점 밝아진다.

밀리 난 뜨거운 우유 싫어, 찬 게 좋아.

애니 이건 찬 거야.

밀리 난 언니가 데웠다고 생각했어.

애니 그랬지. 이리 가지고 올라오는 동안 식어 버렸어.

밀리 납작한 냄비 안에 넣어놨어야 해. 냄비에 넣어서 가져왔다면 아직도 따뜻할 거야.

애니 네가 따뜻한 건 원치 않는다고 말한 줄 알았는데.

밀리 난 따뜻한 것 싫어.

애니 그래, 그래서 내가 우유가 식었다고 하는 거야.

밀리 알고 있어. 그런데 만약 내가 뜨거운 걸 원했다면 그렇다는 거지. 그걸 말하는 것뿐이야. (우유를 조금씩 마신다.) 더 차도 되는데.

애니 안초비 한 조각이나 도넛 먹을래?

밀리 안초비 좋아. 언니는 뭐 먹을 건데?

애니 아래층에 가서 도넛 먹을래.

밀리 이거 먹어도 돼.

애니 아니, 아래층에도 있어. 안초비 먹은 다음에 너 이거 먹어도 돼.

밀리 언니는 왜 안초비 안 먹어?

애니 내가 먹고 싶은 게 뭔지 아니? 정어리 몇 마리야.

밀리 청어. 난 맛있는 청어 조금. 그게 있었으면 좋겠어.

애니 식초 몇 방울 떨어뜨린 정어리 몇 마리. 그 다음에는 초콜릿 무스 한 접시를 먹는 거지.

밀리 초콜릿 무스?

애니 우리가 클라크톤에서 초콜릿 무스 먹은 것 기억나니?

밀리 초콜릿 무스는 청어랑 안 어울려.

애니 난 청어 안 먹어. 난 정어리 먹을 거야.

이층에서 발자국 소리.

들어봐.

애니, 문고리를 돌리고, 엿듣는다.
월터가 샐리의 방을 노크한다.

샐리 네?

월터 나요.

샐리 잠시만요. 들어오세요.

문이 열린다.

월터 안녕하시요?

샐리 전 잘 지내요.

문이 닫힌다.

애니 그애가 들어갔어.

밀리 그애가 들어갔다니 무슨 말이야?

애니 그애가 안으로 들어갔다고.

밀리 애니, 어디로 들어갔는데?

애니 그 여자 방으로.

밀리 자기 방이지.

애니 자기 방으로.

밀리 그애가 안으로 들어갔다고?

애니 응.

밀리 여자애는 안에 있고?

애니 그래.

밀리 그래서 그애가 여자애와 거기 같이 있다고.

애니 그래.

밀리 나가서 좀 들어 봐.

애니, 방 밖으로 나가 샐리의 방 층계참으로 가서, 멈춘다.
다음 대화를 우리는 애니의 시각에서 듣게 된다.

월터 이거 좀 마십시다. 당신을 위해 가져왔어요.

샐리 그게 뭐예요?

월터 브랜디요.

샐리 무엇 때문에요?

월터 글쎄, 이왕 같은 집에 사니까 서로 친해지는 것도 나쁘지 않을 것
　　　같다고 생각했지.

샐리 그래, 나쁠 것 없죠.

월터 술 좀 해요?

샐리 아, 거의 안 마셔요.

월터 그저 가끔가다 한두 잔 정도, 응?

샐리 아주 드물게요.

월터 하지만 이거 조금은 마시겠죠?

샐리 아주 조금 . . . 유리잔은?

월터 내가 갖고 왔어요.

샐리 만반의 준비를 했군요.

남자, 병을 따서 따른다.

월터 건배.

샐리 건강을 위하여.

월터 어제는 내가 좀 무례했다고 . . . 말하고 싶소. 사과하고 싶어요.

샐리 무례하지 않았어요.

월터 당신이 내 방을 쓰고 있는데 익숙해지기까지 시간이 좀 걸릴 거
요. 그것뿐이요.

샐리 음, 저기요. 내가 생각을 해 봤는데요 . . . 어쩌면 우리가 방을 같
이 쓸 수 있다는 것이죠 — 일종에 말이죠.

월터 나눠 쓴다고요?

샐리 내 말은 내가 여기 없을 때나 그럴 때 쓸 수 있다는 거지요.

월터 아, 그건 생각 안 해봤는데요.

샐리 쉬운 일이에요. 난 하루 종일 학교에 있거든요.

월터 저녁 때는 어떡하고?

샐리 난 일주일에 사흘은 밤에 나가요, 아셨죠,

월터 어디 가는 거요?

샐리 아, 야간 학교예요. 외국어를 공부하고 있어요. 그리고 대개는 역
사 선생을 하는 내 여자친구 하나랑, 음악을 들으러 가요.

월터 어떤 종류의 음악인데요?

샐리 모차르트, 브람스. 그런 종류예요.

월터 아, 전부 그런 종류군.

샐리 그래요.

사이.

월터 글쎄, 이 방은 아늑해요. 한 잔 더 해요.

샐리 아, 나는 . . .

월터 (부으며) 딱 한 잔이요.

샐리 고마워요. 건배.

사이.

월터 이 방에 숙녀랑은 처음이에요.

샐리 아.

월터 남자애들은 오곤 했죠. 여기서 우리가 무장 강도 계획을 하곤 했지요.

샐리 정말이요?

월터 우리 이모들이 왜 내가 들어갔었는지 얘기 안 해 주던가요?

샐리 아니요.

월터 음, 그게 말이죠. 나는 총잡이에요.

샐리 아.

월터 총잡이 만난 적 있어요?

샐리 아니요.

월터 모든 걸 고려할 때, 나쁜 생활은 아니에요. 쉬는 시간이 많거든요. 유급 휴가라고 말할 수 있는 거죠. 아니, 그것보다 훨씬 나쁜 직업들도 많아요. 총잡이란 걸 알게 되니 내가 무서운가요, 그래요?

샐리 아니, 나는 당신이 매력적이라고 생각해요.

월터 아, 바로 맞았어요. 그래서 내가 감옥에서 잘 지낼 수 있었던 거예요. 매력. 내가 거기서 뭘 했는지 알아요? 나는 교도소 도서관을 운영했어요. 그곳에서 일한 최고의 사서였어요. 떠나던 날 교도소장이 직접 나와 전송하더라구요. 정문까지요. 내가 책임을 맡고 난 후부터 도서관이 알아볼 수 없게 좋아졌다는군요.

샐리 정말 멋진 칭찬이군요.

월터 (술을 더 따르면서) 내가 무장 강도 짓을 포기한다면 대영 박물관에서 일할 수 있게 추천하겠다고 했어요. 희귀 문서를 돌보는 일이죠. 문서에 대한 내 견해를 기록하는 일이요.

샐리 그건 상당한 기술을 요하는 일일 텐데요.

월터 건배. 기술을 필요로 한다고요? 재미있군, 나는 한창 시절에 희귀 문서를 만진 경험이 꽤 있었죠. 그걸 도굴하는 일을 하는 놈을 알고 있었거든요.

샐리 뭘 도굴한다고요?

월터 희귀 문서. 무덤에서요. 잡히지 않았을 때는 나는 그에게 도움을 주곤 했죠. 수입도 좋았죠. 글쎄, 그 문서들은 거의 언제나 시신에 달라붙어 있어서 족집게로 골반 뼈를 들어올려야 해요. 커다란 쪽집게지. 알겠지만 시신에 지문을 남겨서는 안 되거든요. 교회법이야. 내가 가장 놀란 건 해골이 내 위로 떨어져서 거의 내 귀를 물어뜯을 뻔했던 적이에요. 그 순간 우스운 기분이 들었어요. 내가 해골이고, 해골은 잘 자라는 키스를 하러 온, 오래 전에 잃어버린 내 삼촌이라는 생각을 했지. 당신은 무덤 안에 들어가 본 적이 없겠지요, 아마. 진심으로 권합니다. 내 말은 인생의 모든 것을 맛보고 싶다면 말이에요.

샐리 음, 언젠가 한번 들어가게 되겠지요.

월터 음, 모를 일이죠. 화장하거나 아니면 바다에 빠져죽을 수도 있지요, 안 그래요?

애니가 층계참으로 살금살금 기어내려와 이모들 방으로 돌아와 침대에 든다.

밀리 들었어?

애니 응.

밀리 그래서?

애니 걔들이 말하는 것 들었어.

밀리 뭐라고들 했는데?

애니 나한테 묻지 마.

밀리 문에 다시 가봐. 제대로 들어봐.

애니 너는 왜 안 가니?

밀리 난 잠자리에 들었잖아.

애니 나도 마찬가지야.

밀리 하지만 나는 언니보다 침대에 더 오래 누워 있었어.

애니, 중얼거리고 혼자 불평을 늘어놓으면서 침대를 빠져다와 문 앞 충계참으로 간다. 다음 대화는 여전히 그녀의 시각에서 전개된다.

월터 당신은 북쪽 출신이죠?

샐리 영리하시네요. 내 생각에는 내가 . . .

월터 악센트로 알 수 있어요.

샐리 악센트는 버렸다고 생각했는데 . . .

월터 당신 눈에도 뭔가가 있어. 랭커서 여자들에게서만 발견되는 거 요.

샐리 정말? 뭔데요?

월터 (가까이 다가가며) 나랑 있는 게 약간 불편한 것 같은데. 왜 그래요?

샐리 불편하지 않아요.

월터 왜 그래요, 그럼? 약간 불안해 보여.

샐리 아니에요.

월터 당신 잔을 채웁시다. 어제는 당신 달랐다고. 어제는 원기 왕성했는데.

샐리 다른 건 당신이에요. 당신이야말로 오늘 다르군요.

월터 내가 무장 강도라고 걱정하지는 말아요. 사람들은 나를 신사 총잡이라고 부르지.

샐리 나 걱정 안 해요.

사이.

월터 이모들은 당신이 멋지다고 생각해요. 우리를 결혼과 관련시켜 생각하는 것 같아요.

샐리 뭐라고요?

월터 내 신부감을 찾았다고 생각하는 것 같애.

샐리 너무 웃겨요.

월터 결혼식장에 데리고 가려고 당신을 묶어 놓은 것 같애. 하지만 이모들은 한 가지를 잊어버렸지.

샐리 그게 뭔데요?

월터 난 결혼했어. 사실 난 세 명의 여자와 결혼했지. 나는 삼중혼자야. 나를 믿어요?

샐리 당신 기분이 정말 이상하네요.

월터 당신 눈빛 때문이야.

샐리 당신 눈도 멋진데 그래요.

월터 당신 눈, 그건 북쪽 사람의 눈이야. 숯 검댕이군.

샐리 고마워요.

월터 (술을 따르며) 가득 따르자. 자자.

샐리 우리의 눈을 위하여.

월터 난 당신이 술을 안 마신다고 생각했어. 단숨에 쭉 들이킬 수 있겠는데. 학교에서 연습했겠지요. 우유 마시는 휴식시간에. 네트볼 치기 위해 몸매 유지차. 혹은 야간 학교에서, 응? 거기서 즐거운 시간을 갖겠지. 어서. 야간학교에서 무슨 일을 하는지 얘기해 봐요.

애니, 가볍게 하품을 하며 자기 방으로 살금살금 걸어간다. 그녀 문을 닫고 침대로 들어간다.

애니 아직도 얘기하고 있어.

밀리 무슨 얘기를 하고 있는데? (졸리는 듯이)

애니 모르겠어.

밀리 내가 갔어야 해. 언니는 말뚝마냥 귀가 멀었어.

자려고 자리를 잡는다. 스프링이 삐걱댄다.

애니 도넛 때문에 명치끝이 아파. (희미하게) 잘 자.

밀리, 가볍게 코를 곤다. 샐리의 방에 불이 비친다.

샐리 나는 조용한 생활을 해요, 아주 조용한 생활이요, 사람들과 어울리지 않아요.

월터 나는 빼고. 나랑 어울리고 있잖아.

샐리 난 사회생활이라고는 없어.

월터 아는 나이트 클럽 몇 개에 데리고 다녀야겠는데, 멋진 구경시켜 주려고.

샐리 아니, 그러고 싶지 않아요.

월터 당신이 좋아하는 것은 뭔데?

사이.

샐리 여기 나 혼자 누워서 . . .

월터 내 침대 위에.

샐리 그래.

월터 뭘 하면서?

샐리 생각하면서.

월터 어젯밤 나에 대해서 생각해?

샐리 당신이요?

월터 방을 같이 쓰자는 제안, 생각해 볼 거야.

사이.

당신 지금 내 생각하는 게 틀림없어.

사이.

샐리 왜요?

월터 나는 당신 생각을 하고 있거든.

사이.

이 방에 대해서 내가 왜 그렇게 난리를 쳤는지 모르겠어. 그냥 보통 방일 뿐인데, 별것도 아닌. 내 말은 당신이 여기 없다면 말야. 당신이 이 방에 없다면, 별것도 아니란 말이야.

사이.

이 방에 그냥 있지 그래요? 내가 결혼했다는 것은 사실이 아냐. 그냥 말했을 뿐이야. 난 속해 있지 않아. 사실을 말하자면 . . . 사실을 말하자면, 난 아직도 내 반쪽을 찾고 있어.

샐리 나 여기서 이사 나가야만 할 것 같아요.

월터 어디로 갈 건데요?

사이.

샐리 어디든지요.

월터 바닷가로 갈래요? 나도 당신이랑 같이 갈 수 있어. 낚시를 할 수도 있지 . . . 부두에서. 그래 우리 같이 갈 수 있겠다. 아니, 오히려 우리 여기 같이 있을 수도 있어. 그냥 이대로 같이 머물 수도 있지.

샐리 그럴 수 있어요?

월터 앉아요.

샐리 뭐라고요?

월터 앉으라고요. (사이) 다리를 꽈봐.

샐리 으으음?

월터 다리를 꽈보라니까.

사이.

다리를 풀어봐.

사이.

일어서.

사이.

뒤로 돌아.

사이.

멈춰.

사이.

앉아.

사이.

다리를 꼬봐.

사이.

다리를 풀어봐.

침묵.

나이트 클럽 음악.

털리 아뇨, 내가 생각하기에는, 정확하게 . . . 잠시만요 . . . 거의 십 년 가량 된 게 틀림없어요. 마지막이 내가 리치몬드[2]에 내려갔을 때죠.

솔토 그래, 돈키 클럽에서지.

털리 돈키, 확실해요. 삼 년 전에 내가 거기를 떠났죠.

솔토 여기는 얼마나 있었어, 그럼? 난 한 삼 년 동안 여기 내려오지 않았었는데.

털리 어긋난 모양이네. 난 삼 년 전에 여기 왔거든. 정확하게 삼 년 전에요. (부른다.)

찰리!

---

2) 리치몬드(Richmond): 대런던 (Greater London) 의 한 구역으로 테임즈 강변에 접해 있다

털리, 웨이터를 향해 손가락을 튕긴다.

솔토 그 전엔 진짜 싸구려 술집이었어, 정말이야.

웨이터 같은 걸로요, 털리 씨?

털리 같은 걸로. 술집이라 — 물론 그건 술집이죠. 그놈들이 삼 년쯤 전에 나더러 여기 와 달라고 하더군, 와서 급을 좀 올려 달라고요. 나는 시작부터 한 열두 명의 똘마니들을 짤라버렸어요. 내 위치를 분명하게 했지요.

솔토 문제를 일으키지는 않던가?

털리 나한테요? 놈들은 문제를 일으키려면 상대를 제대로 골라야 된다는 걸 알고 있어요. 블랙히스[3]에서의 내가 기억 안 나요?

솔토 그건 한참 전 일이지.

털리 전쟁 나기 이삼 년 전 일이었지요.

솔토 세월 좋던 때 얘기야.

털리 그래 블랙히스에서 어떻게 했다고요?

솔토 블랙히스라. 블랙히스에 대해서 얘기하자면 새로운 사연이지.

털리 찰리, 고마워. 자, 앰브로즈. 건배.

사이.

아냐, 이건 이제 싸구려 술집이 아냐. 나는 이곳을 변화시켰죠, 내 말은, 밴드를 두고 — 밴드 — 피아노랑, 더블 베이스랑, 괜찮은 애들이야, 괜찮은 애들이라고. 우리 손님들은 아주 훌륭한 사람들이

---

3) 블랙히스(Blackheath): 런던 중앙에서 남동쪽으로 10Km에 위치한 주거 지역.

에요. 음악가들이 많이 온다고 . . . 음악가들이 이리로 내려오는 거지. 무척 좋은 고객들이지. 회사 중역들도 있고. 내 말은 상류층 사람들이라 이거야. 바로 요 전날 밤에 몇 사람과 이야기를 했는데. 햄튼 코트에서 왔고 다쳇트에서도 왔고, 트위켄햄에서도 왔어요.[4]

솔토 다쳇트에서부터 여기까지?

털리 그럼, 차로 오면, 얼마나 걸리겠어요? 조금 쉬려고 오는 거지. 우리는 새벽 두 시까지의 영업 허가를 갖고 있어요. 상주하는 아가씨가 세 명이고. 여긴 왜 갑자기 왔어요?

솔토 아, 그저 웃기는 얘기 중의 하나야, 씨릴. 한 아가씨 얘기를 들었어.

털리 여기 있는 애들 중 하나예요?

솔토 씨릴, 여전히 샤프하구먼.

털리 우리 집 수준에 대해서 들어나 봤어요, 응? 여기 최상급 이쁜 애들을 모셔났다고, 걱정하지 말아요. 사교계 진출 훈련을 받자마자 이리로 직행했다고.

점점 어두워진다.

점점 밝아진다: 여자들의 탈의실.

바바라 그래서 그 사람이 뭐라고 했어?

샐리 일요일 날 오라고 했어, 일요일 날 와서 저녁을 같이 먹고, 와이

---

4) 햄튼 코트(Hampton Court): 런던의 리치몬드에 위치한 튜더 왕조의 옛 왕궁.
다쳇트(Datchet): 영국의 윈저 궁 근처의 지역.
트위켄헴(Twickenham): 런던 근처 지역명.

프를 만나라고. 왜요, 난 그랬어, 나를 뭐라고 소개하실 건데요, 당신 동생이라고? 그 사람은 아니라며 내 마누라는 마음이 넓어; 당신을 만나면 기뻐할 거야 하더군.

매비스 그래, 그런 얘기 전에도 들어본 적 있어.

샐리 맞아, 내가 그렇게 말했어. 아, 그래요, 난 그랬어, 전에 그런 얘기 들어본 적 있어요. 자, 난 그랬어, 이제 그만 집어 치워, 경찰 부르기 전에 꺼져버려.

바바라 어떤 작자야, 코 큰 놈?

샐리 그래.

매니저 자자, 아가씨들, 움직여, 이제 나갈 시간이야.

바바라 여자 탈의실에 누가 들어오라고 했어요?

매니저 입 닥쳐. 빨리 서둘러.

　(샐리에게) 씨릴 사장이 자기 테이블로 당장 나오랜다.

샐리 언젠가 그놈 물건 가운데를 발로 차 버릴 거야.

바바라 자, 그래서 무슨 일이 있었는데 그래?

샐리 나랑 같이 언젠가 강에 뱃놀이 가자고 하더라고. 펀트배를 태워주겠다는 거야.

마비스 뭐를?

바바라 펀트배.

마비스 펀트배가 뭔데?

샐리 나는 그랬어, 펀트배에요? 당신이랑? 당신 미쳤군요. 난 펀트따위는 절대 안 타요.

바바라 너 그 사람에게 끌린다고 말했지 않니?

샐리 아, 처음에 그랬었지, 그게 전부야. 그렇게 나쁘지는 않다고 생각했었지. 하지만, 알잖아, 그 사람은 호주에서 왔어. 호주 습관을 많이 가지고 있더라고 나랑은 잘 맞아.

매니저   자 어서, 반복하기 싫어. 도대체 너희가 어디 있다고 생각하는
거니? 브라이튼 해수욕장에라도 온 줄 알아?

    (샐리에게) 씨릴이 너를 자기 테이블로 오래.

샐리   그놈 귀때기를 언젠가는 잘라버릴 거야.

여자, 클럽 안으로 들어간다.

솔토   털리, 빅 조니 볼솜군, 나 혼자 생각했어. 그애는 쓸 만할 거야.

털리   물론 걔는 괜찮죠.

솔토   그래서 나는 조사를 해봐야겠다 생각했어.

털리   아주 잘했어요. 여기 왔네, 여기 왔어, 자, 아가씨야. 이분이 내
오랜 친구 앰브로즈 솔토야.

솔토   안녕?

샐리   안녕하세요?

털리   앉아요, 앰브로즈. 앰브로즈, 이 아가씨를 소개하죠. 우리에게 있
는 애들 중 최고로 똑똑한 애죠. 세 나라 말을 한다니까요.

솔토   어느 나라 말인데?

털리   말씀 드려.

샐리   우선 영어요.

솔토   애 재치가 있네, 응?

털리   재치 있다고? 내가 가장 좋아하는 애야.

샐리   아, 아니에요.

솔토   이름 말해 주지 않을래?

샐리   카티나예요.

솔토 카티나라. 우연의 일치군. 내 어린시절 애인 이름이 카티나였는데.

털리 아니지, 아냐.

솔토 맞아, 내가 어린 소년일 때, 내가 애센스에서 살던 어린 소년일 때. 바로 그때였어.

점점 어두워진다.

점점 밝아진다.

월터 난 그냥 기차로 사우스엔드[5]까지 갔을 뿐이에요, 그게 다예요.

애니 사우스엔드? 무엇하러?

월터 바닷가를 좀 보고 싶었어요. 나쁘지 않았어요. 왔다갔다 하면서, 그게 다예요. 오래된 바다 냄새를 맡으면서, 그게 다죠.

사이.

애니 너 비밀 있지.

월터 내가요?

애니 아, 자, 월리, 걔 어떻게 생각하니? 괜찮지, 안 그러니?

월터 누구, 이층에 있는 여자요? 그래, 걔 아주 매력 있는 애에요.

애니 너도 걔 좋아하지, 응?

월터 누구요?

애니 안 좋아하니?

---

5) 사우스엔드(Southend): 영국 에쎅스에 위치한, 런던에서 가장 가까운 해변 도시.

월터 뭐, 이층에 사는 애요, 응?

애니 까불고 있구나.

월터 음 . . . 능청떨면서 . . . 까불고 있는 거죠 . . . 그 여자 괜찮다고 할 수 있죠.

애니 처음에는 너 걔 안 좋아했지?

월터 응, 처음은 두 번째랑 전혀 틀려요, 그렇죠? 내 말은 . . . 두 번째 는 처음에 이럴 것이라 생각한 거랑 종종 전혀 다른 결과가 나타난 다는 거지요. 제 말을 알아들으신다면.

애니 방 이쁘게 꾸미지 않았니, 응?

월터 아주 화려하게요.

애니 정말 여성적으로 꾸몄어, 그렇지?

월터 아 . . . 의심의 여지없이 그렇죠.

애니 곧 올 거다. 삼십 분이면 야간 학교에서 집으로 올 거야.

빛이 점점 어두워졌다 점점 밝아진다: 나이트 클럽.

솔토 어떻게 생각해?

샐리 아니, 당신은 정말 리듬감이 있어요. 솔토 씨, 즐거웠어요.

솔토 난 언제나 리듬감각이 있었어. 나한테서 뺏어가 봐. 날 때부터 갖 고 있었다고. 내 엄지발가락은 저절로 폴카를 추지. 정말이야. 내 애인이랑 나는 밤에 파도가 밀려오는 바닷가에서 춤을 추곤 했어. 너도 그런 거 해 봤니?

샐리 아니, 한 번도요. 우리 술이나 마시죠.

털리 두 사람 어떻게 잘 지내고 있어?

솔토 아주 좋아.

샐리 멋져요.

솔토 플로워에서 우리 봤어?

털리 플로워에서 뭐했는데?

샐리 춤췄죠!

솔토 블랙히스에서 저 사람을 봤어야 해. 자, 자네는 가게나, 씨릴. 우리는 여기서 철학을 논하는 거야.

털리 앞은 조심하고 가라고.

남자, 간다.

솔토와 샐리가 테이블로 가서 앉는다.

솔토 너한테 얘기하려고 했어.

샐리 뭘요?

솔토 난 전용 비치를 갖고 있어. 남쪽 해안에. 완전한 내 소유야. 작은 바닷가 오두막집이랑. 응, 그렇게 작지는 않아. 커. 오두막집도 아니야. 오두막보다는 조금 크지. 거기엔 인디언 카펫이 있고 건물 정면은 바다가 내다보이는 창문으로 꽉 찼지. 중앙 난방에다가 파도 . . . 파도가 현관 계단까지 올라와. 소파에 누워서 파도가 점점 가까이 오는 것을 바라보지. 달빛 속에 누워서 파도가 점점 다가오는 걸 바라보는 것 어떻게 생각해?

샐리 멋지게 . . . 들리네요.

솔토 다음 주말에 내려가자, 응?

샐리 글쎄, 나는 . . .

솔토 핑계 대지 마! 해변에서 수퇘지 바베큐를 할거야, 정말이야.

샐리 수퇘지를 어디서 구하실 건데요?

솔토 특별히 프랑스에서 온 거지 — 어디겠어? 들어봐. 작은 비밀 하나 알고 싶어? 나는 특별히 너를 찾기 위해 여기 온 거야.

샐리 무슨 뜻이에요?

솔토 나는 네 사진을 입수했어, 알아? 사진 찍은 자를 만났거든. 그놈이 어느 클럽인지를 말해줘서 내가 여기 온 거야.

샐리 사진은 어디서 얻었는데요?

솔토 그건 너한테 말해줄 수 없어. 내가 하는 일은, 내 친구를 위해서 너를 찾아내는 거야.

샐리 친구? . . . 누구?

솔토 걱정하지 마. 걔한테는 너를 어디서 찾을 수 있나 말 안 할거야. 안 해. 그런 놈이 너같이 예쁜 여자를 붙잡게 하지는 않겠어.

샐리 그 사람 이름이 뭐예요?

솔토 월리라고 불려. 월리 스트리트야. 늘상 큰집을 들락날락거리는 놈이야. 위조범이고, 잡범이고, 우체국 통장 위조범이지. 그놈 알아?

샐리 몰라요.

솔토 우스운 일이야 . . . 모르겠네, 그놈이 뭘 하려 . . . 어찌되었든, 이건 전부 다 잊어버려. 하지만 그놈 공로는 인정해 주어야지. 그놈이 사진을 보여주지 않았더라면, 내가 어디에 있겠어. 그리고 너는 어디에 있었겠어.

샐리 그래요. 내가 어디에 있었겠어요?

점점 어두워지고 점점 밝아진다.

현관문에서 노크 소리.

월터가 현관으로 통하는 홀문을 통해서 나간다.

솔토 안녕, 월리. 잠시만 들어갈게. 밖에 택시가 있어서.

방으로 들어간다.

월터 무슨 일이에요? 여자 찾았어요?

솔토 여자? 무슨 여자?

월터 여자요, 내가 준 사진 말이에요. 알잖아요.

솔토 아, 그 여자! 내가 찾으려고 했던 그 여자 말이지 . . .

월터 그래요, 나는 아저씨가 그래서 오신 줄 알았었는데.

솔토 네 말이 꼭 맞아. 바로 그래서 들린 거야.

월터 저도 그렇게 생각했어요.

솔토 자네는 틀리지 않았어.

사이.

월터 그래요. 그 여자는 어디 있죠?

솔토 그게 바로 내가 하고자 하는 말이야. 그 여자를 찾을 수가 없어.

월터 여자를 못 찾았다고요?

솔토 냄새도 안 나. 자네에게 말해주려는 게 바로 그거야.

월터 냄새도 안 나요, 응.

솔토 전혀.

월터 그 여자 간 곳을 찾은 줄 알았어요.

솔토 자취도 없어. 여기저기 갔었지. 마드리갈, 휘프 룸, 개멋, 페드로 스[6]랑. 아무도 얼굴을 몰라. 잠시만 ─ 페드로가 마드리드 뒷골목에서 왔다갔다 하는 것을 본 적이 있는 것 같다고 하더군. 그 여자 마드리드에 간 적 있나?

월터 내가 그걸 어떻게 알아요? 그 여자를 만난 적이 없는데.

솔토 자네가 만난 줄 알았지.

월터 클럽이 어디 있는지는 알았어요?

솔토 어떤 클럽?

월터 사진 속에 있는.

솔토 아니. 내 생각에 최선의 방법은 사진사를 찾는 거야. 그래서 그 사람을 찾아갔지.

월터 뭐라고 하던가요?

솔토 거기 없더군. 회의가 있어서 캐나다로 갔대.

월터 어떤 회의인데요?

솔토 치과의사 회의래. 그 친구 치과의사가 되려고 한다는군.

월터 왜 사진은 포기했대요?

솔토 마음이 변한 거지. 어떤 건지 알잖아. 나한테 커피 한 잔 주더니 자기 인생 얘기를 하더군.

월터 누가요?

솔토 그 사람 동생이 발 전문의야. 그자는 심각한 문제에 봉착했어, 그 녀석은 경비를 제대로 치루지 못한다는군.

월터 이것 봐요, 솔토 씨. 내가 아저씨라면 이 일 전부를 포기하겠어요.

솔토 자네 내 의견을 알고 싶나? 내 생각에 사진은 가짜야. 그런 클럽은 없어. 그런 여자도 없고. 그것들은 존재하지 않아.

월터 나도 바로 그렇게 생각해요.

---

6) 나이트 클럽 이름들을 나열하고 있다.

사이.

솔토 그래?

월터 바로 그래요.

솔토 알게 뭐야. 자네가 맞을지도 몰라.

월터 그 사진. 그건 가짜예요. 그 여자 영영 못 찾을 거예요.

솔토 어떻게 가짜일 수 있어? 자네가 그 여자를 아는 줄 알았는데.

월터 그 여자를 안다고 한 적은 없어요. 그 여자를 만난 적도 없고요.

솔토 내 말이 바로 그거야. 알 대상이 없다 이거야. 자네는 그 여자를 본 적이 없고 나도 본 적이 없지. 볼 대상이 없으니까.

월터 그 여자는 존재하지 않아요.

사이.

솔토 그래도, 봐, 그 여자는 여기 있어. 이건 누군가의 사진이니까.

월터 내가 아는 여자는 아니에요.

사이.

솔토 월리, 내 충고를 들어. 모든 일을 자네 머리에서 지워버려. 자네 마음에서 깨끗하게 지워버리라고.

월터 아저씨도 바로 그렇게 하시라는 거예요. 솔토 씨.

앞문. 발소리.

솔토 저건 뭐야?

월터 학교 선생이에요.

솔토 저게 바로 네 표적이야. 교육받은 사람. 학교 선생치고는 귀가 시간이 그럴듯한데. 그 여자는 어디 갔었나, 야간 학교?

점점 어두워지다 점점 밝아지면서 계단에 발자국 소리.
문을 두드리는 소리.

월터 거기 있소?

그는 문을 열려고 한다. 잠겨 있다.
문을 두드린다.

거기 있어요? 얘기하고 싶어요. 잠시만 들어갑시다. 일 분만 들어가게 해주겠소? 무슨 일이요? 도대체 무슨 일이요? 나 좀 들어가게 해줘요. 얘기하고 싶소.

침묵.

애니 그애는 갔어.

밀리 갔어?

애니 여기 노트가 있어.

밀리 어디로 갔는데?

애니 노트를 남겨놓았어.

밀리 뭐라고 하는 거야?

애니 빌레 자매님. 대단히 죄송합니다. 급한 일이 있어서 갑자기 떠나게 되었습니다. 언제 돌아올지 모르겠습니다. 그래서 모든 것을 가지고 갑니다. 깨우고 싶지 않습니다. 감사합니다. 안녕히 계세요. 윌리에게 말해야겠다.

거실로 가는 애니의 발자국 소리.

윌리 일어나라.

사이.

그애가 가버렸어.

월터 누가?

애니 편지를 남겼어. 봐라.

그가 읽는 동안, 사이.

월터 그래요, 음 . . . 그 여자는 . . . 분명 떠나지 않을 수 없었군요.

사이.

애니 그애와 너 싸우지 않았지, 그렇지, 윌리?

월터 아니오.

애니 야간 학교에서 돌아온 후 그애를 못 봤지?

월터 네.

　밀리, 들어온다.

밀리 지금 막 이 사진을 발견했다.
애니 아. 네트볼을 들고 있는 게 예쁘지 않아?
밀리 여학생들이랑 말이야.
애니 난 그애가 체육 담당 선생인 줄은 몰랐어. 우리한테 말한 적 없
　지.

　사이.

밀리 그앤 아주 떠나가 버린 것 같네.

　사이.

월터 그래요.

　사이.

　그렇게 보이는데요.

점점 어두워진다.

작품 해설

이 책에 담겨진 다섯 작품은 여러 장르를 위해 쓰여졌다. 라디오 드라마, 텔레비전 드라마, 정극에서 자신의 작품 세계에 대한 산문까지 핀터 관심의 다양성과 깊이를 드러내는 표본이라고 할 수 있겠다. 이책에 실린 작품은 『가벼운 통증』(A Slight Ache)(1959, 1961), 『야간 학교』(Night School)(1960, 66), 「나 자신에 대한 글쓰기」(Writing for Myself)(1961), 『귀향』(The Homecoming)(1965)으로 50년대 후반에서 60년대 중반까지, 데뷔 이후 핀터의 명성을 굳히게 되는 시기의 작품들이다. 위 작품들의 특징과 의미를 연대기 순으로 정리하는 것으로써 해설을 가름한다.

『가벼운 통증』

『가벼운 통증』은 소위 『생일 파티』(The Birthday Party)와 같은 위협의 회극(Comedies of Menace) 계열의 작품으로 분류되며 외부의 정체 모를 적에 의한 한 인물의 몰락과 가정의 붕괴를 그리고 있다. 극 사실주의적인 특징과 상징주의의 특징이 혼재한다. 이 극은 원래 라디오를 위해서 쓰여졌지만 무대에서 공연되기도 했다. BBC 라디오에서 방송된 작품은 성냥장수가 오로지 침묵으로만 존재하기 때문에 신비스러운 분위기가 더 강조된다. 무대에 나타나는 대신 대사로만 언급되고 단지 침묵할 뿐인 성냥장수는 플로라(Flora)와 에드워드(Edward)의 심리적인 투쟁의 대상물일 뿐 실존하지 않는 인물일지도 모르기 때문이다. 즉 두 남녀의 심리적 투영물이지도 모른다는 것이다. 라디오 드라마의 성냥장수는 청취자의 상상력을 자극하며 그의 상상에 달려 있다. 반면에 극장에서 공연된 작품에서는 성냥장수가 무대에 오르게 되고 작품은 계층 문제, 빈곤 문제와 같은 보다 사회적인 이슈를 지니게 된다.

에드워드와 플로라는 도시를 떠나 시골에 큼직한 주택을 소유하며 빈곤과는 무관하게 살아가는 중상층의 영국 시민이다. 이 작품은 문제 없어 보이는 이 중년 남녀가 문밖에 서 있는 정체 모를 성냥장수로 인해 내면의 욕망들을 드러내고 결국 가정까지 와해되어 가는 과정을 보여준다. 성냥장수에게 질문을 퍼붓던 에드워드는 성냥장수의 침묵을 견뎌내지 못하고 결국 정신적, 육체적으로 붕괴되어 쓰러지고 아내 플로라는 성냥장수를 남편 대신 집안에 자리잡게 한다.

이 작품의 제목인 '가벼운 통증'은 작품 도입부에 에드워드가 눈에 가벼운 통증이 있음을 언급하는 데서 비롯한다. 작품의 끝에서 성냥장수의 침묵에 압도당한 에드워드는 쓰러지기 전 다시 한번 눈의 통증을 언급한다. 어쩌면 에드워드는 시력을 잃어가는지도 모른다. 눈의 통증을 호소하던 그는 성냥장수가 갑자기 젊어 보인다고 말한다. 가벼운 통증이 강박증과 과민 반응과 어우러져 커다란 추락을 가져온다. 가벼운 통증으로 시작한 성냥장수의 존재가 결국 에드워드의 운명을 바꾸어 놓는다. 에드워드는 작품의 마지막에 성냥장수가 들고 있던 트레이를 들고 플로라에 의해 문밖으로 쫓겨나는 신세가 된다.

성냥장수가 누구인지는 모호하다. 단지 상징인지 어떤 구체적 대상물인지 말이다. 이 작품의 사회적 맥락에 주목한 로날드 노울즈 (Ronald Knowles)는 성냥장수가 30년대 경제 대공황의 잔재, 2차 세계대전 이후의 빈곤층을 상징한다고 주장하면서 작품에 드러나는 많은 사회적인 조크, 신분 차이에 대한 패러디의 예를 지적하고 있다. 예를 들면 에드워드가 떠돌이 성냥장수(목욕을 하지 않아서 악취가 나는)에게 여러 나라의 술 이름을 줄줄이 대면서 원하는 것을 고르라는 것은 전쟁 전 상류층의 칵테일 문화에 대한 꼬집음이라는 것이다.

작품은 하지인 오늘, 정원의 화초에 대한 플로라의 언급으로 시작된다. 플로라는 꽃의 여신이라는 이름답게 정원 가꾸기에 열심이며 꽃에 대한 높은 이해를 드러내지만 남편은 식물에 대해서 무관심하다. 도리어 그는 정원의 말벌을 잡아서 끓는 물을 부어 죽이는 것에 쾌감을 느끼는 인물이다. 마치 자신의 아픈 눈에 대한 보복이라도 하듯 그는 말벌의 눈을 멀게 하고 좋아한다. 에드워드는 시간과 공간에 대해서 에세이를 쓴다고 하지만 그의 관심은 온통 대문 밖에 서 있는 성냥장수뿐이다. 결국 에드워드는 플로라에게 성냥장수를 집안으로 데려오게 하고 서재에서 대면한다. 에드워드는 칵테일을 권하고, 마을에서의 자신의 신분과 자신의 지성을 과시하는 것으로 대화를 시작하며, 여자를 구하라는 등, 털모자를 벗으라는 등의 여러 가지 충고도 던지지만 침묵하는 성냥장수 앞에서 점점 이성을 잃어간다. 에드워드는 성냥장수에게 장사도 되지 않는 뒷문에 왜 서 있는지를 묻지만 성냥장수는 침묵만을 지킬 뿐이다. 지성과 신분을 과시하던 에드워드는 논리적으로 설명할 수 없는 성냥장수의 존재(사람들이 오가지 않는 대문 밖에 성냥장수가 서 있어야 할 어떤 이유도 찾을 수 없다)와 질문에 대한 침묵의 응수에 정신적 평온을 유지하지 못한다. 긴 침묵으로 바위처럼 평온해 보이는 성냥장수의 존재는 에드워드 내면의 불안을 가중시키며 그에게 공포의 대상이 된다.

　플로라는 지친 남편을 대신해서 성냥장수 심문을 시작하지만 그녀의 관심은 성적인 것에 집중되어 있다. 그녀는 밀렵꾼에게 강간당한 젊은 날의 기억을 떠올리는데 그 기억은 도리어 성적인 흥분으로 포장되어 있다. 플로라가 성냥장수에게 드러내는 관심은 강간에 대한 기억과 같은 성적인 것이며 그 관심은 분명 자신을 만족시켜 주지 못한 남편에 대한 반발선상에 있다. 플로라는 성냥장수가 자신을 강간했던 밀렵꾼이며 자기를 만나기 위해 돌아온 것이라고 주장하고 자기가 목욕을 시켜주겠다고 말한다. 그녀는 노골적으로 여성이 필요하지 않느냐며 성냥장수를 유혹한다. 플로라는 성냥장수를 순결을 강조한 바울에 반대했던 바어너버스라고 부르면서 흥분한다.

에드워드는 플로라를 몰아내고 다시 한번 성냥장수와의 면담을 시도한다. 에드워드는 젊은 날의 크리켓, 스쿠너 타기 등의 경험을 과시한다. 그리고는 자신이 이곳 저곳에서 숨어서 성냥장수를 감시해 왔음을 고백한다. 에드워드는 침묵하는 성냥장수가 운다고 주장했다가, 울었다고 주장하면서 점점 히스테리컬해져 간다. 자신을 비웃는다고 생각하는 것이다. 에드워드의 지적인 과시, 스포츠 무용담도 맥을 추지 못하며 그는 "당신 누구냐"는 마지막 말과 함께 입을 다문다. 『생일 파티』에서 스탠리(Stanley)가 어디론가 끌려가듯이 에드워드도 이 집안에서 제거되는 것이며 성냥장수에 의해 대치된다. 플로라는 성적으로 무기력한 남편 대신 성냥장수를 통해 성적 만족과 삶의 활력을 찾을 수 있을지도 모른다.

이 작품은 핀터의 뛰어난 언어 구사력을 확인시켜 준다. 이 극은 핀터가 최초로 중산층의 영어를 도구로 사용한 작품인데 중산층 클리셰의 우스꽝스러움이 드러난다. 핀터는 반복, 동어 반복, 동문서답, 이중의미(Dukore 45) 등을 사용하여 언어사용의 부조리성과 관계의 비어 있음을 확인시키고 있다.

『야간 학교』

『야간 학교』는 1960년 텔레비전 방송용으로 쓰여진 극이다. 핀터는 이 극에 대해서 너무나 전형적으로 '핀터적이다(Pinteresque)'라고 자평하며 자신의 작품집에 넣기를 거부했다. 즉 핀터의 모작 같은 인상을 준다는 것이다. 작가는 1966년 이 극을 라디오 방송용으로 개작하였는데 개작 후 작품에 대해서는 만족을 표시하며 1967년에 발간된 작품집에 포함시켰다. 이 극은 사실주의의 틀을 유지하며 상징성은 다소 빈약하다고 할 수 있다.

이 극의 주제는 선형적으로 '핀터직이다.' 방이 있고 그 방의 소유권을 두고 갈등이 벌어진다. 그리고 인물들은 서로에게 자신의 실제 정체를 숨기는 거짓말을 늘어놓는다. 작품의 주된 배경은 좀도둑 월터(Walter)의 이모 애니(Annie)와 밀리(Milly)가 살고 있는 집으로, 월터가 투옥을 마치고 집으로 돌아오는 데서 극은 시작된다. 월터가 쓰딘 방은 샐리 깁스(Sally Gibbs)라는 학교 선생에게 세를 준 상태이고 월터는 자신의 방을 되찾기를 고집한다. 샐리와 대면한 월터는 샐리의 방에서 사진을 발견한다. 그 사진은 샐리가 야간 학교를 다니는 선생이 아니라 나이트 클럽 호스테스일 수도 있음을 드러낸다. 이 작품의 제목은 샐리가 다닌다고 주장하는 야간 학교에서 따온 것인데 샐리의 거짓말에 대한 지칭이면서 인물들의 다른 거짓말에 대한 지칭이기도 하다(월터는 샐리를 감동시키기 위해서 자신이 무장 강도였다고 거짓말 하며 솔토(Solto)는 자신의 빈곤을 거짓 호소한다). 월터는 집주인이면서 규모가 큰 범죄자인 솔토에게 샐리의 뒷조사를 부탁하고 결국 샐리는 호스테스였음이 밝혀진다. 월터가 자신의 정체를 안다는 것을 알게 된 샐리는 그 집을 떠나게 된다. 샐리가 야간 학교에 다닌다는 것은 거짓일지 모르지만 그녀가 학교 선생일 가능성은 남아 있다. 그녀는 선생이면서 여급일지도 모른다. 결국 월터는 방을 되찾게 되지만 샐리를 잃게 된다. 어쩌면 그 둘은 서로 잘 맞는 커플일지도 모른다. 월터와 샐리가 각각 자신의 본모습을 그대로 드러냈다면 말이다. 작품의 끝은 샐리가 학교 선생이었을 가능성을 드러내는 사진과 함께 상실감이 가득하다. 밀리의 말처럼 그녀는 영원히 그들의 곁을 떠난 것이다.

이 극의 인물들은 핀터의 다른 인물들과 유사하다. 애니와 밀리는 『생일 파티』에서 메그(Meg)가 스탠리를 돌보듯이 월터를 지나칠 정도로 감싸고 돌보고 있다. 이 두 인물은 늙고, 귀먹고, 음식에 우스꽝스럽게 집착하며 젊은이들의 대화를 엿듣지만 무슨 일이 벌어지는지 파악조차 못한다. 학교 선생과 여급 사이를 오가는 샐리의 이중 성향은 『연인』(The Lover)의 사라(Sarah), 『귀향』의 루스(Ruth)에서도 발견된다. 솔토는 『생일 파티』의 골드버그(Goldberg)의 연장성으로 본다(Esslin 105). 솔토는 나름의 거짓과 환상의 세계에 사는 인물이다. 자신의 곤궁함을 과장하는 거짓말과 젊은 시절 호주에서의 무용담 – 마다가스카르에서 온 선원을 죽였다는 이야기 – 그리고 클럽에서 샐리를 유혹하면서 자신의 부를 과시하는 모습은 그가 범죄자이지만 낭만적 환상(우스꽝스럽기도 한)을 키우는 인물임을 보여준다.

핀터의 언어 사용은 다른 극에서와 마찬가지로 재미를 선사한다. 반복, 불일치, 모순, 오해, 동의어 반복(Dukore 57-8)과 같은 언어의 사용은 다시 관계의 비어 있음과 인물들의 거짓을 드러낸다. 밀리와 애니가 솔토와 주고받는 '마다가스카르'에 대한 대화에서는 이모들의 알아듣지 못함과 오해가 솔토의 무용담의 거짓을 비춰낸다.

「나 자신을 위한 글쓰기」

이 글은 핀터의 1961년 2월, 『20세기』에 실린 리차드 핀들레이터와의 대화에 기초한 글로서 핀터 자신의 연극관, 작품관, 글쓰기에 대한 과정을 솔직하게 담고 있다. 글쓰기에 대한 그의 기본적인 입장은 글을 쓴다는 것이 본인에게는 매우 개인적인 작업이며 자기 자신을 위한 것이라는 것이다. 글의 도입부에서 핀터는 자신이 다양한 방식으로 연극에 참여한 경험이 있음을 밝히고 그 경험이 당연하게도 글쓰기에 영향을 주었다고 말한다. 하지만 배우 등의 연극 활동을 하면서 그는 희곡보다는 시나 소설을 썼으며 그 초기작들 중 일부는 훗날 희곡으로 발전하기도 하였다.

그의 희곡은 하나의 이미지에서부터 발전한다. 예를 들어서 그의 데뷔작 『방』의 경우는 어느 방에 들어갔을 때 작가가 우연히 보게 된 두 사람의 이미지에서부터 발전한 것이다. 그는 어떤 상징성이나 추상적인 사상에 기초하여 작품을 쓰지 않는다고 말한다. 그것을 찾으려는 비평가들이 도리어 이상하다는 것이다. 그는 또한 관객을 염두에 두고 글을 쓰지 않는다며 스스로를 위해서, 스스로를 위한 글쓰기를 한다고 선언한다. 즉 그에게 있어서 희곡을 쓴다는 것은 매우 개인적인 작업이라는 것이다. 즉 세상을 향한 어떤 메시지를 전파하려는 의도가 없다는 것이다. 비평가들이나 관객에게 그의 작품은 황당한 사건을 다루고 있다고 보일지 모르지만 그 스스로는 자신의 작품이 사실적이라고 진단한다. 즉 인간의 경험에 관한 것이라는 것이다.

그는 다양한 매체에 대한 관심을 보여주며 희곡만을 고집하고 있지 않음을 명백히 한다. 핀터는 텔레비전과 라디오의 장점을 잘 알고 있으며 매체들에 대한 다양한 실험과 탐구를 계속할 것임을 밝히고 있다. 그는 스스로가 결코 작가라는 일에 헌신하고 있지는 않으며 자기 위에 어떤 종류의 작가라는 상표가 붙는 것도 거부한다. 그는 연극의 시스템의 문제점들을 잘 알고 있지만 그것들이 조금씩 나아지고 있음을 다행스럽게 여기고 있다. 핀터는 무대를 위한 글쓰기는 매우 어려운 작업이며 그것에 대해 생각하면 할수록 더 어렵다고 고백하고 있다.

『귀향』

핀터의 세 번째로 쓰여진 제대로 길이를 갖춘 극(full-length play)인 『귀향』은 비평가들을 당혹시킨 것처럼 충격적인 내용을 담고 있다. 오랜만에 직장이 있는 미국에서 고향 영국에 돌아온 장남 테디(Teddy)는 아내 루스를 동반한다. 자신의 결혼을 가족에게 알리지 않았던 테디는 이제 미국의 대학에서 철학 교수가 되어 있다. 그의 부친 맥스(Max)는 정육점 주인이었으며 엄마가 죽은 후 집에서 요리를 담당하고 있다. 맥스의 동생 샘(Sam)은 육십이 넘은 나이에도 독신으로 형의 집에 얹혀 살고 있다. 그는 전문 기사이지만 제대로 손님에게 인정받고 있는 것 같지 않다. 극의 도입부는 서로에 대한 모욕으로 일관한다. 무슨 일을 하는지 드러나지 않는 둘째 아들 레니(Lenny)는 아버지 맥스의 말을 들은 척도 않고 비어를 남발한다. 맥스는 동생 샘을 조롱한다. 두 명의 노인의 권위는 실추될 대로 실추되어 있다. 막내인 조이(Joey)는 권투선수이면서 건물 폭파업에 종사하고 있다.

형제는 둘 다 형수인 루스에게 성적인 관심을 보이고 아버지 맥스까지도 관심에 동참한다. 그들은 루스가 테디의 아내라는 것을 인정하지 않는 듯하고 또는 개의치 않는 태도를 취한다. 세 남자는 루스를 마치 창녀인 듯이 다루고 말한다. 그들은 루스를 미국으로 보내지 않고 자기 집에 머물게 하는 데 동의한다. 하지만 루스가 쓰게 되는 경비의 문제가 대두된다. 그들은 루스가 고급 창녀로 일해 생활비를 벌게 하자는 계획을 세우고 여기서 레니가 포주였음이 드러난다. 세 아이의 엄마인 루스는 결국 남편과 자식 대신에 시동생들과 성적 관계를 유지하고 창녀 일을 하면서 영국에 남기로 결정하고 테디는 혼자 떠난다. 루스를 차지하고자 하는 남자들의 갈등 와중에 샘은 혼절하고 맥스마저도 쓰러진다. 구세대는 몰락하고 젊은 두 형제가 루스를 차지하게 된다.

이 작품에 대해서는 논란도 많고 해석도 다양하다. 가장 보편적인 해석중의 하나는 오이디푸스적 욕망의 성취와 관련된 것이다. 즉 아버지를 쳐부수고 어머니를 차지하는 아들들의 욕망 성취에 관한 극이라는 것이다. 맥스의 집에는 어머니가 부재한다. 이미 죽은 지 오래다. 하지만 그 부재하는 어머니 제씨(Jessie)는 여러 인물들의 입을 통해서 영향력을 발휘한다. 제씨가 창녀였을지도 모른다는 암시는 여러 군데서 발견된다. 여러 남자에게 성을 나누어 주었던 어머니는 당연하게도 아들들에게는 그렇지 못했다. 사라진 어머니에 대한 성적인 갈망이 루스라는 더 젊고 매력 있으며 세 아이의 어머니이기도 한 여성에 의해서 대리 충족된다는 것이다.

극의 초반부터 아들 레니의 아버지 맥스에 대한 반감은 분명하며 도를 지나치고 있다. 맥스는 어머니의 빈자리를 제대로 채우지 못하는 끔찍한 요리사다. 레니는 부친에게 자신이 잉태된 날의 상황을 물으면서 부모의 성관계에 대한 관심을 드러낸다. 이런 상황에 장남(즉 아버지의 대리인이라고 할 수 있는)이 아내, 그것도 똑같이 세 아들의 어머니인 루스와 함께 나타난 것이다. 루스는 맥스의 집에서 가까운 지방의 출신이며 그 전력이 모호하다. 그녀가 창녀였을 것이라는 것이 암시된다. 맥스도 루스를 보자 '아내가 죽은 후에 집에 창녀를 들인 적이 없다'면서 아내 제씨와 루스를 동일시한다. 어린 아들들이 성적으로 갈망하는 어머니는 젊은 엄마다. 루스는 레니와 조이에게 이상적인 어머니의 대체물인 것이다. 작품의 끝은 완벽한 꿈의 성취이다. 늙은 아버지는 패배한 채 바닥에 엎어져서 도움과 성적인 은사를 갈망하고 두 아들은 여자를 차지한 것이다. 따라서 이 작품은 있을 법하지 않은 사건을 다루고 있어 보이지만 인간의 매우 원형적인 갈망을 담고 있다는 것이다. 결국 '귀향'은 테디의 것이 아니라 루스의 것인 셈이다.

물론 질문은 남는다. 왜 샘이 쓰러졌는가? 삼촌 샘은 형수 제씨가 맥스의 친구 맥그리거와 자신의 차 뒷자리에서 성관계를 가졌었다는 것을 외치면서 쓰러진다. 샘은 똑같은 일, 아내면서 엄마인 여성의 성적인 공유가 반복되는 것을 거부하면서 쓰러진 것일까? 그가 제거됨으로써 거추장스러운 대상 하나는 사라진 것이다. 왜 루스는 레니와의 협상안을 조속히 타결짓지 않는 것일까? 결국 그들의 계약(루스가 하녀와 방 3개짜리 아파트와 의상 등 필요한 물건들을 공급받는다는 것과 초기 투자 비용의 상환 문제)은 타결될 것인가? 레니는 작품의 마지막 타블로에서 루스에게 다가오지 않고 떨어진 채 바라보고 있다. 레니와 루스의 관계에 있어서 주도권은 누가 쥐게 될 것인가? 1막에서는 루스가 레니를 제압하고 있었다. 앞으로도 그러할까? 테디는 어떻게 그렇게 순순히 루스를 내어주고 떠날 수가 있을까? 테디와 루스의 결혼은 와해상태에 달했던 것일까? 그래서 그들은 마지막으로 화해를 모색하기 위해서 베니스 여행을 떠났던 것일까? 루스의 과거 행적으로 볼 때 미국 대학의 철학 교수 부인이 되기에는 적합하지 않았고, 테디는 마침내 루스를 포기한 것일지도 모른다. 맥스는 어떻게 그렇게 선선히 며느리를 매춘부로 만드는 데 동의하는가? 맥스는 정육업에 종사했지만 자신의 아내를 매춘업에 종사하게 한 일종의 포주일을 겸했을지도 모른다. 이 가족에게 매춘은 익숙한 직업일 것이다. 이 작품은 여러 가지 질문을 담고 있으며 독자, 관객에게 불쾌감, 당혹감을 유발할 수도 있다. 하지만

이 작품이 꾸준히 연구되고 상연되고 있는 것은 이 극은 인간의 보편적인 욕망과 힘 겨루기를 다루고 있기 때문이다. 그런 점에서 핀터의 말대로 이 극은 사실적이다.

참고 문헌

• Burkman, Katherine H. "Pinter's *A Slight Ache* as Ritual." *Modern Drama 9* (1968): 326-35.

• Dukore, Bernard F. *Harold Pinter*. London: Macmillan, 1988.

• Esslin, Martin. *Pinter: the Playwright*. London: Methuen, 1992.

• Knowles, Ronald. *Understanding Harold Pinter*. Columbia: U of South Carolina, 1995.

• Rowe, M.W. "Pinter's Freudian Homecoming." *Essays in Criticism* 41 (1991): 189-207.

해롤드 핀터 작품 연보

작품을 쓴 해		초연된 날짜
1955년	『심문』(*The Examination*)	(단편 소설)
1957년	『방』(*The Room*)	1957년 5월 15일
1957년	『생일파티』(*The Birthday Party*)	1958년 4월 28일
1957년	『벙어리 웨이터』(*The Dumb Waiter*)	1960년 1월 21일
1958년	『가벼운 통증』(*A Slight Ache*)	1959년 7월 29일
	『핫하우스』(*The Hothouse*)	1980년 4월 24일
1959년	『시사풍자극』(*Revue Sketches*) —	
	「일터에서의 고충」(*Trouble in the Works*)과	
	「흑과 백」(*The Black and White*)과	1959년 7월 15일
	「버스 정류장」(*Request Stop*),	
	「마지막 한 부」(*Last to Go*)와	1959년 9월 23일
	「특별한 제안」(*Special Offer*)	
	「넌 그게 문제야」(*That's Your Trouble*)	
	「그것뿐이에요」(*That's All*),	1964년 2월–3월
	「인터뷰」(*Interview*)와	
	「세 사람을 위한 대화」(*Dialogue for Three*)	
1969년	「밤」(*Night*)	1969년 4월 9일
1959년	『밤나들이』(*A Night Out*)	1960년 3월 1일
1959년	『관리인』(*The Caretaker*)	1960년 4월 27일
1960년	『야간 학교』(*Night School*)	1960년 7월 21일
1960년	『난쟁이들』(*The Dwarfs*)	1960년 12월 2일
1961년	『컬렉션』(*Collection*)	1961년 5월 11일
1962년	『정부』(*The Lover*)	1963년 3월 28일
1963년	『티파티』(*Tea Party*)	1965년 3월 25일
1964년	『귀향』(*The Homecoming*)	1965년 6월 3일
1966년	『지하 아파트』(*The Basement*)	1967년 2월 28일
1967년	『풍경』(*Landscape*)	1968년 4월 25일
1968년	『침묵』(*Silence*)	1969년 7월 2일
1970년	『옛 시절』(*The Old Times*)	1971년 6월 1일

1972년	『독백』(Monologue)	1973년 4월 10일
1974년	『사장된 땅』(No Man's Land)	1975년 4월 23일
1978년	『배신』(The Betrayal)	1978년 11월 15일
1980년	『가족의 목소리들』(Family Voices)	1981년 1월 22일
1982년	『빅토리아 역』(Victoria Station) 1982년에 Other Places 라는 제목으로 『가족의 목소리들』,『빅토리아 역』 그리고『일종의 알래스카』를 3부작으로 공연	
1983년	『정확하게』(Precisely)	1983년 12월 18일
1984년	『최후의 한 잔 』(One for the Road)	1984년 3월
1988년	『산골 사투리』(Mountain Language)	1988년 10월 20일
1991년	『새로운 세계 질서』 (The New World Order)	1991년 7월 19일
	『파티타임』(Party Time)	1991년 10월 31일
1993년	『달빛』(Moonlight)	1993년 9월 7일
1996년	『재는 재로』(Ashes to Ashes)	1996년 9월 12일
2000년	『축하파티 』(Celebration)	2000년 3월 16일

해롤드 핀터가 극작에 관해 쓴 글과 연설

1961	「나 자신을 위한 글쓰기」(Writing for Myself)
1962	「극작에 대하여」(Writing for the Theatre)
1970	「1970년 독일 함부르그에서 한 저먼 셰익스피어 프라이즈 수상 소감 연설」 ("A Speech made by Harold Pinter in Hambourg, West Germany on being awarded the 1970 German Shakespeare Prize")

해롤드 핀터 전집 순서